KOCHEN BEI TISCH

unipart

Vorwort

Wenn man den Historikern glauben darf, ist Grillen fast so alt wie die Menschheit. Natürlich haben die heutigen Grillgeräte nicht mehr viel Ähnlichkeit mit den primitiven Feuerstellen von damals.

Elektrogeräte vergrößern die Möglichkeiten, mit kulinarischen Genüssen zu überraschen. Denn Sie können auf diesen Geräten nicht nur grillen, sondern auch dünsten, gratinieren und sogar toasten.

Die Kunst zu leben heißt auch zu genießen und was ist genussvoller als mit Freunden in gemütlicher Runde zu Tisch zu sitzen, gemeinsam zu grillen, ein Fondue zu bereiten oder mit dem Wok, dem wahren Alleskönner, zu braten oder zu dünsten.

Wir haben hier eine Menge Rezepte für Sie ausgewählt, die leicht, bekömmlich und kalorienarm sind und zu einer gesunden Ernährung beitragen. Lebenswichtige Inhaltsstoffe werden bei den Garmethoden besser geschont und das Essen ist blitzschnell zubereitet.

Neben vielen raffinierten wie auch einfachen Rezepten enthält das Buch viele Hinweise und praktische Tipps, die den Anfängern das „Kochen bei Tisch“ kinderleicht machen und den Könnern neue Anregungen geben.

Entscheiden wir uns für den Wok, so ist es mit einem leistungsstarken Rechaud kein Problem. Alle Gäste sind Augenzeugen des Kochvorgangs, das erhöht die Spannung und garantiert den Appetit, denn in angenehmer Gesellschaft macht das Zubereiten Spaß.

Zum Fondue und Raclette ist Ihre eigene Fantasie gefordert. Beim Erfinden neuer Saucen und Dips gibt es unbegrenzte Möglichkeiten. Fondue mit Öl oder Brühe sowie das Käsefondue sind außerdem bequem durchzuführen.

Fondue essen ist etwas für Genießer. Dafür sorgen Sie selbst natürlich schon beim Einkauf, denn wie immer entscheidet die Qualität der Waren über die Qualität der Mahlzeit.

Das Schöne beim Fondue und Raclette ist, dass man nicht alles auf eine Karte setzen muss. Statt eines großen Bratens bieten Sie Ihren Gästen kleine Portionen aus verschiedenen Geschmacksrichtungen an. Da ist dann garantiert für jeden noch so heiklen Esser eine Delikatesse dabei.

Viel Spaß beim „Kochen bei Tisch“, gute Laune und das Wissen, dass keine Hexerei notwendig ist, um Ihre Gäste und Ihre Familie mit allerlei Köstlichkeiten zu verwöhnen wünscht Ihnen

die Redaktion.

Grillen auf dem Tisch

Grillen – früher war das nur ein Thema für Gartenbesitzer und nur in der Sommerzeit. Diese Zeiten sind längst vorbei. Natürlich ist der Duft des Holzkohlenfeuers an schönen Abenden noch immer etwas Herrliches. Aber die moderne Technik erlaubt uns heute ein ungetrübtes Grillvergnügen das ganze Jahr hindurch und bei jedem Wetter. Alles, was man dazu braucht, ist ein Tischgrill. Elektrisch betriebene Tischgrills sind nicht nur praktisch, sie schonen auch die Gesundheit. Durch die elektrischen Heizstäbe ist das Krebsrisiko durch Holzkohlenfeuer ausgeschaltet. Damit bleiben die Vorteile des Grillens einer fettarmen Zubereitungsart übrig.

Die richtigen Geräte:

Die ersten Elektrogrills hatten obenliegende Heizstäbe. Das brachte schon den großen Vorteil, dass auslaufendes Fett nicht auf die Wärmequelle tropfen konnte. Der zweite entscheidende Vorteil war der, dass bei elektrischen Grills die Wärme frei einstellbar war. Dadurch konnte verhindert werden, dass die Grillstücke überhitzt wurden oder sogar verbrannten. Bei den modernen Tisch- und Partygrills sind die Hersteller wieder dem Grundprinzip näher gekommen. Die Heizstäbe liegen unter dem Rost. Herabtropfendes Fett wird aber in einer Wanne aufgefangen, die mit Wasser gefüllt ist.

Daneben gibt es sogenannte Kontaktgrills. Das sind kleine Geräte für kleines Grillgut. Bei diesen Geräten wird die Hitze nicht von den Heizstäben ausgestrahlt. Die Hitze wird direkt auf die Speisen übertragen.

Die Heiz- oder Kontaktflächen sind aus Aluminium oder Teflon und haben an der Oberfläche Rillen. Besondere Geräte haben Kontaktplatten aus Gusseisen oder sogar aus Lavastein, der sehr porös ist und alles Fett, das aus den Grilladen austritt, in sich aufsaugt.

Manche Kontaktgrills haben zwei Kontaktplatten, die man zusammenklappen kann. Das Grillgut wird dann gleichzeitig von beiden Seiten gegrillt. Man kann den Grill aber auch aufklappen, wodurch man zwar die doppelte Grillfläche zur Verfügung hat, die Grillstücke aber wenden muss. Einfachere Ausführungen haben nur eine Kontaktplatte.

Zuletzt gibt es auch Kombinationsgeräte, die zum Beispiel eine Heizplatte aus Stein oder Metall haben, unter der aber gleichzeitig noch Raclettepfännchen eingesetzt werden können. Auf diese Weise können Sie oben Ihr Fleisch oder Ihren Fisch grillen, während eine Etage tiefer schon die Gemüsebeilagen garen. Wenn Sie sich einen Tischgrill kaufen, dann bitte nicht den kleinsten auswählen. Vier Portionen sollten wenigstens auf der Grillplatte Platz haben. Denn das hebt die Laune nicht, wenn man als Gast ewige Zeiten warten muss, bis man wieder an der Reihe ist. Elektrogrillgeräte vergrößern Ihre Möglichkeiten, die Familie wie auch die Gäste mit kulinarischen Genüssen zu überraschen. Denn Sie können auf diesen Geräten nicht nur grillen, sondern auch dünsten, gratinieren und toasten. Nur auf eines müssen Sie beim elektrischen Tischgrill verzichten: Das Raucharoma, das nur über dem Holzkohlengrill zu erreichen ist.

Wenn ein Tischgrill aufgestellt ist, dann wird jeder Gast sein eigener Koch. Die Vorbereitungen sind nicht kompliziert und nehmen nur wenig Zeit in Anspruch. Das sind ideale Voraussetzungen für einen stressfreien, gemütlichen Abend im Kreis der Freunde.

Würstelspieße

Für 4 Personen:

- 12-16 kleine Rostbratwürstchen
- 2 Zwiebeln
- 1 rote Paprikaschote
- 1 grüne Paprikaschote
- Salzwasser oder Gemüsebrühe zum Garen
- Salz, Pfeffer aus der Mühle
- 1/2 Tasse Olivenöl
- 1 EL Majoran

★ Die Bratwürstchen bereitstellen.

★ Die Zwiebeln schälen und in mundgerechte Stücke zerteilen.

★ Die Paprikaschoten halbieren, entkernen, waschen, gut abtropfen lassen und in mundgerechte Stücke schneiden.

★ Je nach Geschmack die Zwiebeln und Paprikastückchen in Salzwasser oder Gemüsebrühe bissfest garen, herausnehmen und gut abtropfen lassen.

★ Das Gemüse abwechselnd mit den Rostbratwürstchen auf Spieße stecken.

★ Diese mit Salz und Pfeffer würzen, das Olivenöl mit Majoran anrühren und die Spieße damit bestreichen.

★ Die Würstelspieße auf dem Grill garen und während der Garzeit öfter mit dem Gewürzöl bestreichen.

★ Die Würstelspieße anrichten, ausgarnieren und servieren.

Gefüllte Würstel

Für 4 Personen:

- 8-12 Wiener Würstchen
- 3 EL süßer Senf
- 3 EL Tomatenketschup
- 1 TL Majoran, 1 TL Thymian
- 1 Knoblauchzehe, 1 TL Salz
- 4 dünne Scheiben gekochter Schinken
- 4 Scheiben Emmentaler
- 4 dünne Scheiben durchwachsener, geräucherter Speck
- Außerdem:
- 2-3 EL Olivenöl

★ Die Wiener Würstchen der Länge nach halbieren und auf eine Arbeitsfläche legen.

★ Den Senf mit dem Tomatenketschup, dem Majoran, dem Thymian und der mit Salz zerriebenen Knoblauchzehe verrühren und die Innenseiten der Würstchen damit bestreichen.

★ Die Schinken- und Emmentalerscheiben halbieren bzw. in drei Teile schneiden.

★ Jedes Würstchen mit einer Schinken- und Emmentalerscheibe belegen und anschließend die Würstchen wieder zusammenklappen.

★ Die Wiener mit den Speckscheiben umwickeln und mit Zahnstochern zusammenstecken. Die Würstchen mit Olivenöl bestreichen und anschließend auf dem Grill garen.

★ Die fertigen Würstchen anrichten, ausgarnieren und servieren.

Bratwurstspieße

Für 4 Personen:

- 4 weiße Bratwürste
- 12 dünne Scheiben durchwachsener, geräucherter Speck
- Außerdem:
- 1/2 Tasse Olivenöl
- 2-3 EL mittelscharfer Senf
- 2-3 EL geriebener Meerrettich
- 2-3 EL geriebene Zitronenschale
- 1/2 Bund Pfefferminze
- 1/2 Bund Schnittlauch

★ Die Bratwürste mit den Speckscheiben umwickeln und die Würste in 2-3 cm dicke Scheiben schneiden.

★ Die Scheiben mit den Schnittflächen nach oben auf die Spieße stecken. Das Olivenöl mit dem Senf und dem Meerrettich sowie der Zitronenschale verrühren.

★ Die verlesenen, gewaschenen und fein gehackten bzw. geschnittenen Kräuter untermischen.

★ Die Bratwurstspieße mit der Marinade bestreichen, kurz ziehen lassen und anschließend auf dem Grill garen.

★ Während der Garzeit öfter mit der Marinade bestreichen und nach Ende der Garzeit anrichten.

★ Die restliche Marinade gleichmäßig darauf verteilen, ausgarnieren und servieren.

Fisch vom Tisch

Für 4 Personen:

4 Seezungenfilets
4 Scheiben Lachsfilet
4 Scheiben Heilbuttfilet
400 g Hummerkrabbenschwänze
Saft von 2 Zitronen
1/2 Tasse Obstessig
einige Tropfen Worcestersauce
Außerdem:
4 Portionen gemischter Salat
2 Becher Jogurt
1 Schuss Sahne
1 Zwiebel
Saft von 1 Zitrone
2-3 EL Obstessig
1 Schuss Weißwein
Salz
Pfeffer aus der Mühle
1 Prise Zucker
1 Schale Dillcreme
1 Schale Sardellensauce
4 Portionen Pellkartoffeln

★ Die Fischfilets und die Hummerkrabbenschwänze waschen, trockentupfen und anrichten.

★ Mit Zitronensaft, Obstessig und Worcestersauce beträufeln und 10-15 Minuten ziehen lassen.

★ Den gemischten Salat waschen, abtropfen lassen und anrichten.

★ Den Jogurt mit der Sahne und der geriebenen Zwiebel, dem Zitronensaft, dem Essig und dem Wein glatt rühren.

★ Mit Salz, Pfeffer und Zucker würzen.
★ Die Filets, die Hummerkrabbenschwänze, den Salat, die Salatsauce, die Dillcreme, die Sardellensauce und die Pellkartoffeln anrichten.

★ Etwas Fett auf dem Tischgrill erhitzen und die Fischfilets und die Hummerkrabbenschwänze garen.

★ Die Dillcreme, die Sardellensauce, den gemischten Salat mit der Jogurtsauce und die Pellkartoffeln dazugeben.

Kräuter-Schnitzelchen

Für 4 Personen:
8-12 dünne Schweinerückensteaks à 75-80 g
Salz
Pfeffer aus der Mühle
1 Tasse Olivenöl
2 Knoblauchzehen
1 TL Salz
1 EL Majoran
1 EL Thymian
1 EL Rosmarin
einige Tropfen Tabasco
Saft von 2 Zitronen

★ Die Schweinerückensteaks unter fließendem Wasser abwaschen, trockentupfen und kurz klopfen. Mit Salz und Pfeffer würzen.

★ Das Olivenöl mit den geschälten und mit Salz zerriebenen Knoblauchzehen, dem Majoran, dem Thymian und dem Rosmarin verrühren.

★ Mit Tabasco je nach Geschmack schärfen und die Schweinerückensteaks damit bestreichen.

★ Die Steaks im Kühlschrank 30 Minuten ziehen lassen und anschließend auf dem Grill garen.

★ Nach Ende der Garzeit anrichten, mit dem Zitronensaft beträufeln, ausgarnieren und servieren.

Schweinebauch mit Johannisbeerkruste

Für 4 Personen:
8-12 dünne Schweinebauchscheiben à 75-90 g
Salz
Pfeffer aus der Mühle
3-4 EL Olivenöl
Außerdem:
1 Tasse Johannisbeergelee
4 EL geriebener Meerrettich
4 EL Tomatenketschup
1 EL Currypulver
4 cl Weinbrand oder Johannisbeerlikör
1 Prise Cayennepfeffer
einige Tropfen Tabasco

★ Die küchenfertigen Schweinebauchscheiben unter fließendem Wasser abwaschen, trockentupfen, mit Salz und Pfeffer würzen und mit Olivenöl bestreichen.

★ Die Schweinebauchscheiben auf den Grill legen und garen.

★ In der Zwischenzeit das Johannisbeergelee mit dem Meerrettich, dem Tomatenketschup, dem Curry und dem Weinbrand oder Johannisbeerlikör in eine Schüssel geben und glatt rühren.

★ Mit Salz, Pfeffer, Cayennepfeffer und Tabasco abrunden.

★ Kurz vor Garende die Glasur gleichmäßig auf die Schweinebauchscheiben streichen.

★ Die fertigen Schweinebauchscheiben anrichten, mit der restlichen Johannisbeerglasur überziehen, ausgarnieren und servieren.

Pellkartoffeln mit Schnittlauchquark

Für 4 Personen:

1 1/2 kg Kartoffeln
Salzwasser
1-2 EL Kümmel
2 EL Kräuter der Provence
Für den Schnittlauchquark:
500 g Quark
1/8 l Buttermilch
1 Zwiebel
Saft von 1 Zitrone
1 EL gemahlener Kümmel
1 Prise Muskat
1 Prise Cayennepfeffer
einige Tropfen Worcestersauce
Salz
Pfeffer aus der Mühle
1 Prise Zucker
1-2 Bund Schnittlauch

★ Die Kartoffeln waschen und in einen Topf geben.

★ Das Salzwasser angießen, mit Kümmel und Kräutern der Provence würzen.

★ Die Kartoffeln zugedeckt zum Kochen bringen und bissfest garen.

★ Den Quark mit der Buttermilch in eine Schüssel geben und glatt rühren.

★ Die Zwiebel fein reiben, mit dem Zitronensaft und dem Kümmel unter den Quark rühren.

★ Mit Muskat, Cayennepfeffer, Worcestersauce, Salz, Pfeffer und Zucker abschmecken.

★ Den geschnittenen Schnittlauch untermischen und das Ganze nochmals abschmecken.

★ Die Kartoffeln abgießen, anrichten und mit dem Schnittlauchquark servieren.

Überbackene Käsekartoffeln

Für 4 Personen:
4-8 große Kartoffeln
Salzwasser
Für die Füllung:
400 g Frischkäse mit französischen Kräutern
200 g Gorgonzola
200 g gekochter Schinken
2 Eigelb
1 TL Kümmel
Salz
Pfeffer aus der Mühle

★ Die Kartoffeln waschen, mit der Schale in einen Topf geben, das Salzwasser angießen und zum Kochen bringen.

★ Die Kartoffeln 25 Minuten kochen lassen.

★ In der Zwischenzeit für die Füllung den Frischkäse mit einer Gabel zerdrücken, mit dem Gorgonzola in eine Schüssel geben und kräftig durchschlagen.

4. Den Schinken fein würfeln, mit den Eigelben und dem Kümmel unter die Käsemasse rühren.

★ Das Ganze mit Salz und Pfeffer kräftig abschmecken.

★ Die Kartoffeln etwas abkühlen lassen und mit der Schale der Länge nach halbieren.

★ Die Kartoffelhälften mit einem Teelöffel etwas aushöhlen, das Ausgehöhlte mit einer Gabel zerdrücken und unter die Käsemasse mischen.

★ Die Kartoffelhälften damit füllen, in eine Auflaufform setzen und das Ganze im auf 220 °C vorgeheizten Backofen 10-15 Minuten goldgelb überbacken. Herausnehmen, auf Blattsalaten anrichten, ausgarnieren und servieren.

SUPER BARBECUE
FAL
MAX
0
1
2
3
4
5

Leichte Grillschlemmereien

Für 4 Personen:
8-12 Schweinemedaillons à 75 g
8-12 Lammkoteletts
1 Tasse Olivenöl
2 Knoblauchzehen
1 TL Salz
1 EL Kräuter der Provence
4 Tomaten
4 Portionen gemischter Salat
1 Becher saure Sahne
1/2 Becher Sahne
3-4 EL Obstessig
Saft von 1 Zitrone
2 EL mittelscharfer Senf
2 EL geriebener Meerrettich
Salz
Pfeffer aus der Mühle
1 Prise Cayennepfeffer
1 Prise Zucker
1/2 Bund Schnittlauch
1/2 Bund Petersilie

★ Die Schweinemedaillons und die Lammkoteletts unter fließendem Wasser abwaschen, trockentupfen und dekorativ anrichten.

★ Das Olivenöl mit den mit Salz zerriebenen Knoblauchzehen und den Kräutern der Provence vermischen und das Fleisch damit bestreichen.

★ Die Tomaten in Scheiben schneiden. Den verlesenen und gewaschenen Salat dekorativ anrichten.

★ Die saure Sahne in eine Schüssel geben und mit der Sahne und dem Obstessig sowie dem Zitronensaft, dem Senf und dem Meerrettich glatt rühren.

★ Die Sauce mit Salz, Pfeffer, Cayennepfeffer und Zucker kräftig abschmecken und gleichmäßig auf dem Salat verteilen.

★ Die verlesenen, gewaschenen und fein gehackten Kräuter mit dem Fleisch, den Tomaten und dem Salat anrichten.

★ Das Fleisch und die Tomatenscheiben je nach Geschmack auf dem Grill garen und zum Salat reichen.

Bratwurstschnecken

Für 4 Personen:

4 Bratwurstschnecken
3-4 EL Olivenöl
Außerdem:
1/2 Tasse Tomatenketschup
2-3 EL mittelscharfer Senf
2-3 EL süßer Senf
1-2 EL Honig
einige Tropfen Zitronensaft
Salz
Pfeffer aus der Mühle
1 Prise Knoblauchpulver
1 Prise Cayennepfeffer
1/2 Bund Schnittlauch

★ Die Bratwurstschnecken mit dem Olivenöl bestreichen und auf dem Grill garen.

★ Den Tomatenketschup mit dem mittelscharfen und dem süßen Senf, dem Honig und dem Zitronensaft in eine Schüssel geben und glatt rühren.

★ Mit Salz, Pfeffer, Knoblauchpulver und Cayennepfeffer abschmecken und die Bratwurstschnecken während der Garzeit damit bestreichen.

★ Die Bratwurstschnecken anrichten, mit der restlichen Glasur bestreichen, mit frisch geschnittenem Schnittlauch bestreuen, ausgarnieren und servieren.

Paprika-Auberginen-Spieße

Für 4 Personen:
2 mittelgroße Auberginen
2 Zucchini
2 EL Salz
Saft von 1 Zitrone
einige Tropfen Worcestersauce
1 rote Paprikaschote
1 grüne Paprikaschote
2 Zwiebeln
2-3 EL Olivenöl
1/2 Tasse Tomatenketschup
2-3 EL Johannisbeergelee
2-3 EL Obstessig
1 EL Currypulver

★ Die Auberginen und die Zucchini putzen, waschen und in mundgerechte Scheiben schneiden.

★ Die Auberginenscheiben mit Salz bestreuen und 10 Minuten ziehen lassen. Anschließend unter fließendem Wasser abwaschen.

★ Die Auberginen- und Zucchinischeiben mit Zitronensaft und Worcestersauce beträufeln und bereitstellen.

★ Die Paprikaschoten halbieren, entkernen und in mundgerechte Stücke schneiden.

★ Die Zwiebeln schälen und vierteln. Die Gemüsezutaten abwechselnd auf Spieße stecken und mit Olivenöl bestreichen. Auf den Grillrost legen und auf jeder Seite 2-3 Minuten garen.

★ In der Zwischenzeit den Tomatenketschup mit dem Johannisbeergelee und dem Obstessig sowie dem Currypulver glatt rühren, mit Salz und Pfeffer würzen und 2 Minuten vor Garende die Auberginenspieße damit bestreichen. Die Spieße fertig garen, anrichten, ausgarnieren und servieren.

Bunte Paprikaspieße

Für 4 Personen:

4 Kolben Gemüsemais
Gemüsebrühe oder Salzwasser
2 rote Paprikaschoten
Außerdem:
4 entsprechende Stücke Alufolie
Butter oder Margarine zum Bestreichen
100 g Butter oder Margarine
2 Knoblauchzehen
2 TL Salz
2 EL Honig
1 Flasche Knoblauch-Grillsauce
1/2 Bund Schnittlauch
1/2 Bund Petersilie

★ Den Gemüsemais putzen und in der Gemüsebrühe oder in Salzwasser bissfest garen, herausnehmen und gut abtropfen lassen.

★ Die Paprikaschoten halbieren, entkernen, waschen, gut abtropfen lassen und in Stücke schneiden.

★ Den Mais in 3-4 cm dicke Scheiben schneiden und abwechselnd mit den Paprikaschoten auf Spieße stecken.

★ Die Alufolie mit Butter oder Margarine bestreichen, die Spieße darin einwickeln und auf dem Grill garen.

★ In der Zwischenzeit die Butter oder Margarine mit den mit Salz zerriebenen Knoblauchzehen und dem Honig vermischen.

★ Kurz vor Garende die Alufolie aufreißen und das Gemüse mit der Knoblauchbutter bestreichen.

★ Die Knoblauch-Grillsauce mit den verlesenen, gewaschenen und fein geschnittenen Kräutern vermischen.

★ Die Paprikaspieße anrichten, mit der restlichen Knoblauchbutter überziehen, ausgarnieren und mit der Grillsauce servieren.

Pfeffersteaks

FÜR 4 PERSONEN:
8-12 Rindermedaillons
1 Tasse Olivenöl
2 Pfefferschoten
1 Zwiebel
2 EL grüne Pfefferkörner
je 2 EL grüne, schwarze, rote und weiße Pfefferkörner
100 g Butterschmalz
400 g Austernpilze
2 Zwiebeln
100 g durchwachsener, geräucherter Speck
1/2 l gebundene Bratensauce
100 g Edelpilzkäse
1 Becher Sahne
Salz
Pfeffer aus der Mühle
je 1/2 Bund Petersilie, Schnittlauch und Estragon
4 Portionen Bratkartoffeln

★ Die Rindermedaillons unter fließendem Wasser abwaschen, trockentupfen und anrichten.

★ Das Olivenöl mit den gehackten Pfefferschoten, der geschälten und fein geriebenen Zwiebel und den grünen Pfefferkörnern vermischen und die Filets damit bestreichen.

★ Die Rindermedaillons im Kühlschrank mindestens 2 Stunden ziehen lassen.

★ Die verschiedenen Pfefferkörner vermischen und im Mörser grob zerreiben.

★ Das Fleisch mit den Pfefferkörnern bestreuen, mit dem zerlassenen Butterschmalz, den geputzten Austernpilzen, den geschälten und fein gehackten Zwiebeln und dem gewürfelten Speck auf dem Tisch anrichten.

★ Die heiße Bratensauce, den zerbröckelten Edelpilzkäse und die Sahne sowie das Salz, den Pfeffer und die verlesenen, gewaschenen und fein gehackten Kräuter dazugeben.

★ Die Bratkartoffeln auf einem Rechaud dazu stellen.

★ Die Rindermedaillons auf dem Tischgrill mit etwas Butterschmalz braten. Die restlichen Zutaten in den Pfännchen garen.

★ Die Medaillons anrichten und mit dem Gemüse und den Bratkartoffeln servieren.

Pfeffer-Spareribs

Für 4 Personen:

2 kg Spareribs (Schälrippchen)
Salz, Pfeffer aus der Mühle
1 EL schwarze Pfefferkörner
1 EL rote Pfefferkörner
4 EL Olivenöl
Außerdem:
1-2 EL Butterschmalz
2 Zwiebeln
3-4 Knoblauchzehen, 1 EL Salz
1 Flasche Mexikanische Grillsauce
4 EL Worcestersauce
3-4 EL Obstessig
3-4 EL mittelscharfer Senf
Zucker nach Geschmack
4 cl Weinbrand
1 EL Basilikum
1 EL Oregano

★ Die Spareribs waschen, trockentupfen, mit Salz und Pfeffer würzen.

★ Die Pfefferkörner in einem Mörser grob zerreiben.

★ Die Schälrippchen mit dem Pfeffer kräftig einreiben, mit Olivenöl bestreichen und auf dem Grill garen.

★ Das Butterschmalz in einer Grillpfanne erhitzen und die geschälten, fein gehackten Zwiebeln darin glasig schwitzen.

★ Die Knoblauchzehen schälen, fein hacken, mit Salz zu einer Paste zerreiben, zu den Zwiebeln geben und kurz mitschwitzen.

★ Die Grillsauce angießen, mit Worcestersauce, Obstessig, Senf, Zucker und Weinbrand aromatisieren.

★ Das Basilikum und den Oregano untermischen und mit Salz und Pfeffer würzen.

★ Die Sauce kräftig einreduzieren lassen und vom Feuer nehmen.

★ Kurz vor Garende die Schälrippchen mit der Sauce überziehen. Die Schälrippchen anrichten, mit der restlichen Sauce überziehen, ausgarnieren und servieren.

Eierlikör-Dip

FÜR 4 PERSONEN:

1 Becher Sahnedickmilch
1 Päckchen Vanillezucker
4 cl Eierlikör
Zucker nach Geschmack

★ Die Sahnedickmilch mit dem Vanillezucker und dem Eierlikör glatt rühren.

★ Die Dickmilch je nach Geschmack mit Zucker süßen, anrichten, ausgarnieren und servieren.

Mandel-Quark-Dip

FÜR 4 PERSONEN:

250 g Sahnequark
1/2 Tasse Buttermilch
1 Päckchen Vanillezucker
2-3 EL gehackte Mandeln
Zucker und Mandellikör nach Geschmack

★ Den Sahnequark mit der Buttermilch und dem Vanillezucker glatt rühren.

★ Die gehackten Mandeln unterziehen, das Ganze je nach Geschmack mit Zucker und Mandellikör aromatisieren, anrichten und servieren.

Bunte Fruchtspieße

FÜR 4 PERSONEN:

2 Bananen
1 kleine Ananas
2 Kiwis
250 g Erdbeeren
250 g gemischte Weintrauben
2-3 Aprikosen
2 Pfirsiche
150 g Süßkirschen
300 g verschiedene Melonen
2 frische Feigen
Likör nach Geschmack
Zucker oder Vanillezucker zum Bestreuen

★ Die Bananen, die Ananas und die Kiwis schälen, den Strunk von der Ananas herausschneiden die Früchte in mundgerechte Stücke schneiden.

★ Die Erdbeeren und die Weintrauben verlesen, waschen, gut abtropfen lassen und bereitstellen.

★ Die Aprikosen und die Pfirsiche waschen, halbieren, entkernen und in mundgerechte Stücke schneiden.

★ Die Melonen von den Kernen befreien und in mundgerechte Stücke schneiden. Die Feigen abziehen und ebenfalls klein schneiden.

★ Die Früchte dekorativ anrichten, mit Likör beträufeln und mit Zucker oder Vanillezucker bestreuen.

★ Die Früchte je nach Geschmack auf Spieße stecken, mit etwas flüssiger Butter oder Margarine bestreichen, auf Alufolie setzen, verschließen und auf dem Grill kurz garen. Anrichten und mit einem Dip nach Wahl servieren.

WOK

Der Wok stammt aus China. Er ist seit nahezu drei Jahrtausenden in Form und Funktion unverändert geblieben und noch heute das wichtigste Gerät in der chinesischen Küche. Er wurde ursprünglich für den Einsatz über dem offenen Feuer konstruiert. Die originalen Geräte sind aus dünn gehämmertem Eisen, wodurch die Hitze sehr schnell aufgenommen und die Heizenergie geschont wird. Natürlich wird die Hitze auch schnell wieder abgegeben, aber das ist kein Nachteil, da im Wok ohnehin alles in kürzester Zeit gegart wird.

Das wesentliche Charakteristikum eines Woks ist die starke Wölbung an der Unterseite. Am tiefsten Punkt entwickelt sich die größte Hitze. Zu den Rändern hin nimmt sie stark ab. Gemüse oder Fleisch, das in der Wölbung fertig gegart wurde, kann zum Rand hin geschoben und dort warm gehalten werden. Der klassische Wok kann nur über dem offenen Feuer verwendet werden. Aber auch in der modernen Küche brauchen Sie nicht auf den Wok zu verzichten. Zeitgemäße Woks sind innen gewölbt, außen aber abgeflacht und deshalb auf Gas- wie Elektroplatten gleichermaßen gut zu gebrauchen.

Sie werden zum Beispiel aus Gusseisen gefertigt, was sie aber schwer und unhandlich macht. Besser sind Woks aus Edelstahl oder feuerfester Keramik, die leichter sind und dennoch einen optimalen Kontakt zur Heizplatte herstellen. Auch die Beschichtung mit neuartigen Materialien (Teflon) bringt Vorteile: Es brennt nichts mehr an, und Sie können zudem noch mit weniger Öl arbeiten.
Für Gasflammen sind einfachere Woks aus Aluminium oder Eisen ebenfalls gut geeignet. Ein neuer Eisenwok muss vor seiner Premiere in der Küche sorgfältig gereinigt und anschließend mit Öl eingerieben werden. Kritisch sollte man bei Geräten mit Rechaud sein. Meist ist die ein- oder mehrflammige Wärmequelle allenfalls zum Warmhalten ausreichend, aber nicht, um die zum schnellen Braten notwendigen Hitzegrade zu erreichen. Dazu brauchen Sie dann einen Elektrorechaud.
Mit einem Wok sind Sie aber nicht nur bei der Garmethode flexibel, Sie können sogar bestimmen, wo Sie kochen. In der Regel werden Sie den Wok wahrscheinlich auf dem Küchenherd platzieren. Aber Sie können die Zutaten auch vor den Augen der Gäste direkt am Tisch garen. Wenn Sie frittieren oder den Wok als Fonduetopf einsetzen, rückt er ins Zentrum des Geschehens. Schließlich ist der Wok für eine rustikale Zubereitungsart geradezu prädestiniert: Über einem offenen Feuer fühlt er sich wie zuhause. Und Ihre Gäste werden über den Unterschied zum gewöhnlichen sommerlichen Grillfest höchst erfreut sein.

Bei dieser Gelegenheit können Sie noch zusätzlich für Atmosphäre sorgen, wenn Sie stilechtes Geschirr und Besteck auflegen. Mit Stäbchen zu essen ist übrigens gar nicht schwer. Als Gastgeber sollten Sie die Technik beherrschen, damit Sie unkundigen Gästen helfen können.
Aber der Wok verdankt seine Wertschätzung nicht nur seiner praktischen Vielfalt. Er zwingt uns automatisch zu einer schonenden Zubereitung und ist deshalb ein ideales Gerät in der modernen Küche, in der es nicht mehr nur auf den guten Geschmack ankommt, sondern gleichermaßen auf den Wert der Speisen für unsere Gesundheit.

Ohne dass wir es merken, verführt uns der Wok zu einer modernen Ernährungsweise. Indem Sie chinesische oder ganz allgemein asiatische Gerichte zubereiten, verschieben Sie automatisch den Schwerpunkt der Mahlzeiten hin zum Gemüse. Gemüse spielt in der asiatischen Küche eine wesentliche Rolle. Fleisch war in Asien aus ökonomischen Gründen schon immer nur eine Beilage. Aber wer die Geschmacksvielfalt von Gemüse kennt, der empfindet dies keineswegs als Nachteil.

Deckel

Da der Wok nicht nur zum Braten verwendet wird, sondern auch zum Dünsten oder Dämpfen, gehört ein fest schließender Deckel zur Grundausstattung.

Dämpfeinsatz

Die schönsten sind aus Bambus angefertigt. Sie werden in den Wok gestellt und mit dem jeweiligen Gargut gefüllt, das dann bei geschlossenem Deckel gedämpft wird. Diese Bambuskörbchen sind meist auch stapelbar.

Garkörbchen

Es besteht aus einem Drahtgeflecht und einem langen Griff. Ähnlich wie beim Fondue werden die Speisen zum Garen ins Fett oder in die Brühe gesenkt. Das Gutter kann aber auch zu einem anderen Zweck am oberen Pfannenrand eingehängt werden: Hier können Sie fertige Speisen abkühlen oder frittierte Zutaten abtropfen lassen.

Spatel

Er ist vorne abgerundet und damit besonders geeignet, in der Wölbung des Woks die Zutaten zu rühren.

Sieb

Fertig gegarte Speisen werden damit aus dem Wok entfernt. Die stilechten sind natürlich aus Bambus.

Bürste

Spezielle Bürsten für den Wok sind aus Bambusrohr. Damit kann man einen echten Eisenwok perfekt und vor allem schonend säubern. Zum Reinigen eines Woks sind Wasser und Bürste ausreichend. Ein originaler Topf aus Eisen verträgt kein Spülmittel und schon gar kein scharfes Scheuermittel. Außerdem will er nach dem Reinigen gut abgetrocknet werden, da er natürlich nicht gegen Rost geschützt ist.

Schöpflöffel

Mit ihm wird Brühe oder Öl über das Gargut gegossen oder abgeschöpft, wenn es zu wässrig wird. Wichtig ist eine Schöpfkelle mit Sieb, mit der Sie frittierte Speisen aus dem Öl fischen können.

Messer / Beil

Da beim Kochen mit dem Wok alle Zutaten sehr klein geschnitten werden, ist gutes Schneidewerkzeug eine ganz wesentliche Voraussetzung. Ein großes, schweres Messer oder ein Beil tun hier die besten Dienste.

Schneidebrett

Für die vielen klein geschnittenen Zutaten ist ein besonders großes Schneidebrett praktisch.

Wok-Ring

Er dient dazu, dem gewölbten Wok über einer Gasflamme einen sicheren Stand zu geben.

Stäbchen

Sie gehören nicht nur zu einem stilechten Genuss, sie eignen sich auch zum Kochen, etwa zum Wenden von Fleisch- oder Fischstückchen.

Die wichtigsten Gartechniken

Die Kochkunst hat sich in China im Laufe von Jahrtausenden entwickelt. Dabei entstanden Küchengeräte wie der Wok, der in seiner Form und Funktion seit drei Jahrtausenden unverändert geblieben und ein Universalgerät in der Küche Chinas ist.

Brat und Backtemperaturen:

E-Herd	Gasherd
160 °C	Stufe 1
180 °C	Stufe 2
200 °C	Stufe 3
220 °C	Stufe 4
240 °C	Stufe 5

Schwache Hitze ist 160 °C.
Mittelhitze ist 180 °C.
Starke Hitze ist über 220 °C.

Kochen und Braten

Das Gargut wird zuerst gekocht und zum Schluss gebraten. Dadurch bekommt das Gericht eine besondere Note, es ist innen zart und außen knusprig.

Kochen in Flüssigkeit

Das Gargut wird mit allen Zutaten in Flüssigkeit gekocht. Die Garzeit ist genau zu beachten. Der Sud dient als Grundlage für Saucen und Suppen.

Dämpfen

In den Wok Wasser einfüllen, den Dämpfeinsatz hineinstellen und das Wasser zum Kochen bringen. Die Platte oder die Schüssel mit dem Gargut auf den Dämpfeinsatz stellen und den Deckel verschließen. Nach Rezept garen.

Braten in der Sauce

Dabei wird das Gargut erst einmal mit Öl angebraten und nach Hälfte der Garzeit mit Brühe aufgegossen.

Pfannenrühren

Es ist wohl die gebräuchlichste Garmethode in der chinesischen Küche. Die Zutaten werden grundsätzlich in gleich große, mundgerechte Stücke geschnitten und in der Reihenfolge der Gardauer in das heiße Öl gegeben. Unter ständigem Rühren, wie im Rezept angegeben, wird gegart. Das geht in Minutenschnelle. Wenn Lebensmittel wie z.B. Fisch oder Fleisch, die unterschiedliche Garzeiten haben, miteinander gekocht werden sollen, ist es besser, sie getrennt zuzubereiten und erst am Schluss miteinander zu vermischen.

Schmoren

Es gibt verschiedene Arten, die wohl bekannteste ist die des „Rot-„ oder „Weißschmorens“. Beim Rotschmoren wird das Fleisch in einer Sojasaucenmarinade eingelegt bzw. damit bestrichen und im geschlossenen Topf gegart. Beim Weißschmoren wird das Fleisch nicht angebraten, sondern in Flüssigkeit gegart.

FRITTIEREN

Den Wok bis zur Hälfte mit Öl füllen und auf ca. 190 °C erhitzen. Mit einem Holzlöffel die „Löffelprobe" machen:
Das Öl hat die richtige Temperatur, wenn kleine Blasen am Löffel aufsteigen.
Die zu frittierenden Stücke gut trockentupfen und in Mehl oder Speisestärke wenden. Das Frittiergut vorsichtig hineingleiten lassen und mit den Essstäbchen bewegen, so dass nichts zusammenkleben kann. Wenn alles schön braun ist, mit dem Sieblöffel herausfischen und auf Küchenpapier abtropfen lassen. Die Chinesen backen Frittiergut gerne zweimal kurz hintereinander, da es so besonders knusprig wird.

Gemüsewok mit Reisnudeln

Für 4 Personen:

500 g Schweinefilet
Salz
Pfeffer aus der Mühle
1/2 Tasse Sojasauce
1/2 Tasse Sojaöl
2 Knoblauchzehen
1 Zwiebel
300 g Staudensellerie
300 g Karotten
1/8 l Gemüse- oder Fleischbrühe
250 g Sojabohnenkeimlinge
200 g Shiitake-Pilze
2 EL geriebene Ingwerwurzel
2 EL Hoisinsauce
2 EL Pflaumensauce
1 EL Fünfgewürzpulver
250 g gekochte Reisnudeln
1 Hand voll Petersilie

★ Das Schweinefilet unter fließendem Wasser abwaschen, trockentupfen und in Streifen schneiden. Mit Salz und Pfeffer würzen und in eine Schüssel geben.

★ Das Fleisch mit der Sojasauce beträufeln und im Kühlschrank mindestens 30 Minuten ziehen lassen.

★ Für die Zubereitung das Sojaöl in einem Wok erhitzen. Die Knoblauchzehen schälen, fein hacken und im Öl anschwitzen.

★ Das Schweinefilet ins Knoblauchöl geben und unter ständigem Rühren braten. Herausnehmen und bereitstellen.

★ Die Zwiebel schälen, in feine Scheiben oder Würfel schneiden, ins verbliebene Bratfett geben und glasig schwitzen.

★ Den Staudensellerie und die Karotten putzen, in feine Scheiben oder Streifen schneiden, zu der Zwiebel geben und unter ständigem Rühren braten.

★ Die Gemüse- oder Fleischbrühe angießen, die verlesenen Sojabohnenkeimlinge dazugeben und aufkochen lassen.

★ Die geputzten Shiitake-Pilze je nach Bedarf klein schneiden, mit der geriebenen Ingwerwurzel, der Hoisinsauce, der Pflaumensauce und dem Fünfgewürzpulver unter das Gemüse heben und 6-8 Minuten köcheln lassen.

★ Die Reisnudeln unterheben und erhitzen. Das Ganze nochmals abschmecken und die verlesene, gewaschene und fein gehackte Petersilie unterziehen.

★ Den Gemüsewok dekorativ anrichten, ausgarnieren und servieren.

Avocadosauce

Für 4 Personen:

1 Avocado
Saft von 1/2 Zitrone
1 Becher Dickmilch
Salz
weißer Pfeffer aus der Mühle
1 Prise Cayennepfeffer
1 Prise Zucker

★ Die Avocado dünn schälen, halbieren und den Kern herauslösen.

★ Das Avocadofruchtfleisch klein schneiden, mit Zitronensaft beträufeln, mit der Dickmilch im Mixer oder mit dem Pürierstab pürieren.

★ Die Sauce mit Salz, Pfeffer, Cayennepfeffer und Zucker abschmecken, anrichten, ausgarnieren und servieren.

Reispfanne mit Bambusstreifen

Für 4 Personen:

2 Tassen Langkornreis
4 Tassen Salzwasser
1 Zwiebel
1 gelbe Paprikaschote
1 Glas Bambusstreifen
200 g frische Pilze
2-3 EL Erdnussöl
Salz
weißer Pfeffer aus der Mühle
einige Tropfen Sojasauce
gebratenes Hähnchenfleisch
nach Geschmack

★ Den Reis im Salzwasser 20 Minuten garen, abgießen und abtropfen lassen.

★ Die Zwiebel schälen und hacken, die Paprikaschote halbieren, entkernen, waschen, gut abtropfen lassen und in Streifen schneiden. Die Bambusstreifen abtropfen lassen, die Pilze putzen und in Streifen schneiden.

★ Das Erdnussöl in einem Wok erhitzen und die Zwiebel darin glasig schwitzen. Die Paprikastreifen dazugeben und kurz mitschwitzen. Zum Schluss die Bambusstreifen und die Pilze unterrühren und ebenfalls mitschwitzen.

★ Den Reis dazugeben und erhitzen und das Ganze mit Salz Pfeffer und Sojasauce abschmecken. Nach Geschmack gebratenes, in mundgerechte Stücke geschnittenes Hähnchenfleisch unterheben und erhitzen.

★ Die Reispfanne dekorativ anrichten, ausgarnieren und servieren.

Hühnchenbrust mit Senfsauce

Für 4 Personen:

2 Hühnerbrüstchen
1 Eiweiß
1 EL Speisestärke
2 EL Erdnussöl
Für die Sauce:
3 TL mittelscharfer Senf
1 Prise Salz
2 EL dunkle Sojasauce
1 TL Zucker
1 EL Weinessig
2 EL Hühnerbrühe
4 EL Sesamöl

★ Die Hühnerbrüstchen von Haut und Knochen befreien und in dünne Streifen schneiden.

★ Das Eiweiß kurz verschlagen und mit der Speisestärke verrühren.

★ Die Hühnerstreifen hineingeben und darin wenden.

★ Das Erdnussöl in den Wok geben und erhitzen.

★ Die Hühnerstreifen ins Öl geben und 2 Minuten pfannenrühren, anschließend herausnehmen und warm stellen.

★ Den Senf mit dem Salz, der Sojasauce, dem Zucker, dem Weinessig und der Hühnerbrühe in eine Rührschüssel geben und glatt rühren. Das Öl tropfenweise einrühren oder mit einem Pürierstab aufschlagen, bis die Sauce sämig wird.

★ Die Sauce über die Hühnerstreifen gießen, anrichten, ausgarnieren und sofort servieren.

Scampi Szetschuan

Für 4 Personen:

500 g frische Scampischwänze
1 EL Speisestärke
2-3 EL Geflügel- oder Fischbrühe
1 Eiweiß
1/2 TL Salz
Für die Sauce:
1 EL Speisestärke
1/2 Tasse Geflügel- oder Fischbrühe
2-3 EL Sojasauce
4 cl Sherry oder Reiswein
1-2 EL Honig
Salz
Pfeffer aus der Mühle
Außerdem:
4-6 getrocknete Chilischoten
3-4 EL Sesamöl
1/2 Bund Frühlingszwiebeln
1 Stück frische Ingwerwurzel
2-3 Knoblauchzehen

★ Die Scampi unter fließendem Wasser waschen, gut abtropfen lassen, schälen, den Darm herausnehmen und die Scampischwänze bereitstellen.

★ Die Speisestärke mit der Geflügel- oder Fischbrühe glatt rühren, das Eiweiß darunter schlagen und das Ganze mit Salz würzen.

★ Die Scampis in eine Schüssel geben. Die Stärke-Eiweiß-Marinade dazugeben, verrühren und mindestens 30-40 Minuten ziehen lassen.

★ Für die Sauce die Speisestärke mit der Geflügel- oder Fischbrühe, der Sojasauce, dem Sherry oder Reiswein und dem Honig in eine zweite Schüssel geben und glatt rühren.

★ Die Sauce mit Salz und Pfeffer kräftig abschmecken.

★ Die getrockneten Chilischoten je nach Geschmack klein schneiden, das Sesamöl im Wok erhitzen und die Chilischoten darin rösten. Herausnehmen und bereitstellen.

★ Die Scampi unter ständigem Rühren im Chiliöl braten, herausnehmen und bereitstellen.

★ Die verlesenen, gewaschenen und klein geschnittenen Frühlingszwiebeln ins verbliebene Bratfett geben und pfannenrühren.

★ Die Ingwerwurzel reiben, mit den geschälten und gehackten Knoblauchzehen zu den Frühlingszwiebeln geben und mitbraten.

★ Die Scampi, die Chilischoten und die Sauce in den Wok geben und bei mäßiger Hitze einmal aufkochen lassen.

★ Die Scampi Szetschuan nochmals kräftig abschmecken, anrichten und mit Reis servieren.

Rindfleisch mit Cashewkernen

Für 4 Personen:

- 4 getrocknete chinesische Pilze
- 500 g Rinderfilet
- je 1/2 rote, grüne und gelbe Paprikaschote
- 1 kleine Stange Lauch
- 250 g Staudensellerie
- 1-2 Knoblauchzehen
- 1 TL Salz
- 3-4 EL Erdnussöl
- 1 Hand voll Cashewkerne
- 1 Stück frische Ingwerwurzel
- 2-3 EL Sojasauce
- 2 cl Reiswein
- Salz
- Pfeffer aus der Mühle

★ Die Pilze mit kaltem Wasser übergießen und 30 Minuten einweichen, anschließend herausnehmen, trockentupfen und in Streifen schneiden.

★ Das Rinderfilet unter fließendem Wasser abwaschen, trockentupfen und in mundgerechte Stücke oder Streifen schneiden.

★ Das Gemüse putzen und klein schneiden, die Knoblauchzehen schälen und mit Salz zu einer Paste zerreiben.

★ Das Erdnussöl im Wok erhitzen und die Cashewkerne darin kurz anbraten. Herausnehmen und abtropfen lassen.

★ Das Fleisch im verbliebenen Bratfett unter Rühren braten, das Gemüse, die Knoblauchpaste und etwas geriebenen Ingwer dazugeben und weiter braten.

★ Mit Sojasauce und Reiswein ablöschen, mit Salz und Pfeffer würzen und noch 3-4 Minuten braten.

★ Das Ganze anrichten, mit den Cashewkernen bestreuen, ausgarnieren und servieren.

Schweinefleisch mit Wirsing

Für 4 Personen:

- 500 g Schweinefilet
- 2-3 EL Sojasauce
- 2 EL Hoisinsauce
- Salz
- Pfeffer aus der Mühle
- 3-4 EL Sesamöl
- 1 Zwiebel
- 1 rote Paprikaschote
- 1 kleiner Kopf Wirsing
- 2 Tassen Geflügelbrühe
- 4 EL helle Sojasauce
- 1 kleines Glas Maiskölbchen
- Szetschuanpfeffer
- 1 Prise Ingwerpulver
- 1 Prise Cayennepfeffer
- 1-2 EL Honig

★ Das Schweinefilet waschen, in feine Würfel oder Streifen schneiden, in eine Schüssel geben, mit Sojasauce und Hoisinsauce beträufeln und mit Salz und Pfeffer würzen.

★ Das Sesamöl im Wok erhitzen, das Fleisch dazugeben und unter ständigem Rühren braten, herausnehmen und bereitstellen.

★ Die Zwiebel schälen und in Würfel schneiden, die Paprikaschote halbieren, entkernen, waschen, gut abtropfen lassen und in Streifen schneiden. Den Wirsing putzen und in mundgerechte Stücke schneiden.

★ Das Gemüse ins verbliebene Bratfett geben und unter ständigem Rühren braten.

★ Die Geflügelbrühe angießen und zum Kochen bringen. Die Sojasauce dazugeben, die Maiskölbchen unterheben und das Ganze mit Salz, Szetschuanpfeffer, Ingwerpulver, Cayennepfeffer und Honig abschmecken.

★ Das Fleisch dazugeben und unter ständigem Rühren erhitzen. Nochmals kräftig abschmecken, anrichten, ausgarnieren und servieren.

Schweinefleischstreifen „scharf“

FÜR 4 PERSONEN:

500 g Schweinefilet
2 EL Hoisinsauce
1 EL geschrotete schwarze Pfefferkörner
1 TL Fünfgewürzpulver
3-4 EL Sojaöl
1 Zwiebel
1 rote Paprikaschote
1 grüne Paprikaschote
200 g Chinakohl
2 Tassen Gemüsebrühe
4 EL Sojasauce
1 TL Chiliöl
1-2 EL brauner Zucker
Salz
Pfeffer aus der Mühle
Maisstärke zum Binden
1 Bund Chilandro

★ Das Schweinefilet waschen, in mundgerechte Würfel oder Scheiben schneiden und in eine Schüssel geben.

★ Die Hoisinsauce, die Pfefferkörner und das Fünfgewürzpulver dazugeben und einmassieren.

★ Das Sojaöl im Wok erhitzen und das Fleisch darin unter ständigem Rühren braten, herausnehmen und bereitstellen.

★ Die Zwiebel und die Paprikaschoten putzen, in feine Streifen schneiden, ins verbliebene Bratfett geben und unter ständigem Rühren braten.

★ Den geputzten, gewaschenen und in mundgerechte Stücke zerpflückten Blumenkohl dazugeben, kurz braten und anschließend mit der Gemüsebrühe sowie der Sojasauce auffüllen.

★ Mit dem Chiliöl, dem braunen Zucker, Salz und Pfeffer abrunden und mit der angerührten Maisstärke binden.

★ Das Fleisch unter das Gemüse heben, nochmals abschmecken, anrichten, mit dem verlesenen, gewaschenen und fein geschnittenen Chilandro bestreuen, ausgarnieren und servieren.

Rindfleischstreifen mit Brokkoli

Für 4 Personen:

600 g Rindfleisch aus der Nuss
1 Stückchen Ingwerwurzel
2 Knoblauchzehen
4 EL dunkle Sojasauce
2 EL Sherry oder Reiswein
1 EL brauner Zucker
Außerdem:
3 EL Sesamöl
2 Schalotten
500 g Brokkoli
Salz
schwarzer Pfeffer aus der Mühle
Zum Garnieren:
1 Kästchen Kresse

★ Das Rindfleisch unter fließendem Wasser abwaschen und trockentupfen.

★ Das Fleisch mit einem scharfen Messer gegen die Faserrichtung in dünne Streifen schneiden.

★ Für die Marinade den Ingwer und die Knoblauchzehen schälen, klein hacken und mit der Sojasauce, dem Sherry oder Reiswein und dem braunen Zucker in eine Schüssel geben und zu einer Sauce verrühren.

★ Die Rindfleischstreifen in die Marinade legen und zugedeckt 1 Stunde im Kühlschrank ziehen lassen, dabei hin und wieder wenden.

★ Das Sesamöl im Wok erhitzen und das Fleisch ohne Marinade unter Rühren 2 Minuten scharf anbraten.

★ Die Schalotten schälen und würfeln.

★ Den Brokkoli putzen, waschen und in kleine Röschen teilen.

★ Die Schalotten und den Brokkoli mit der Marinade zum Fleisch geben und 3 Minuten pfannenrühren. Mit Salz und schwarzem Pfeffer abschmecken.

★ Die Kresse waschen, die Blättchen mit einer Küchenschere abschneiden und über das Rindfleisch streuen.

★ Die Rindfleischstreifen mit Brokkoli dekorativ anrichten, ausgarnieren und sofort servieren.

Hühnerfleisch mit Gemüse

Für 4 Personen:
Für die Marinade:
3 EL helle Sojasauce
2 EL trockener Sherry oder Reiswein
Außerdem:
6 getrocknete chinesische Pilze
2 Hühnerbrüstchen
1 Stange Lauch
1 rote Paprikaschote
1 grüne Paprikaschote
50 g Sojasprossen aus der Dose
2 Frühlingszwiebeln
1 Stück frische Ingwerwurzel
1 Knoblauchzehe
100 g geschälte, gehackte Mandeln
2 TL Speisestärke
2 EL Sherry
2 EL Erdnussöl
1 große Tasse Hühnerbrühe
3 EL helle Sojasauce
weißer Pfeffer aus der Mühle
1 Prise Zucker

★ Die Sojasauce mit dem Sherry oder Reiswein verrühren und bereitstellen.

★ Die chinesischen Pilze 30 Minuten in kaltem Wasser einweichen, herausnehmen, trockentupfen und klein schneiden.

★ Die Hühnerbrüstchen von Haut und Knochen befreien und in 2 cm große Würfel schneiden. In die Marinade geben und 1 Stunde ziehen lassen.

★ Das Gemüse putzen und klein schneiden, die Sojasprossen abtropfen lassen. Die Frühlingszwiebeln putzen und in Ringe schneiden.

★ Die Ingwerwurzel und die Knoblauchzehe schälen, fein hacken und mit den gehackten Mandeln vermischen.

★ Die Speisestärke mit dem Sherry glatt rühren.

★ 1 EL Erdnussöl im Wok erhitzen, den Ingwer, den Knoblauch und die Mandeln hineingeben und pfannenrühren.

★ Den Lauch, die abgetropften Pilze, die Paprikaschoten, die Sojasprossen und die Frühlingszwiebeln dazugeben und erneut 2 Minuten pfannenrühren.

★ 5 EL Hühnerbrühe angießen, das Gemüse bissfest garen, herausnehmen und warm stellen.

★ Das restliche Öl im Wok erhitzen, die Hühnerbruststücke mit der Marinade hineingeben und unter Rühren 1-2 Minuten dünsten. Die angerührte Speisestärke und die restliche Hühnerbrühe angießen und eindicken lassen.

★ Das Ganze mit Sojasauce, Pfeffer und Zucker kräftig abschmecken, anrichten, ausgarnieren und servieren.

Gefülltes Hähnchen in Salz gegart

Für 4 Personen:
1 küchenfertiges Hähnchen 1,5 kg
Für die Füllung:
1/2 Stange Lauch
1 kleine Zwiebel
1/2 rote Paprikaschote
50 g Sojasprossen
2 EL Sesamöl
2 Eier
1 EL flüssige Sahne
1 Msp. Ingwerpulver
1 TL grob geschroteter schwarzer Pfeffer
Außerdem:
2 kg grobes Salz

★ Das küchenfertige Hähnchen waschen und abtrocknen. Dies kann bereits am Vortag geschehen, das Hähnchen muss dann im Kühlschrank gelagert werden.

★ Den Lauch putzen, waschen und in Ringe schneiden. Die Zwiebel schälen und würfeln. Die Paprikaschote halbieren, entkernen, waschen, gut abtropfen lassen und in feine Streifen schneiden. Die Sojasprossen waschen und gut abtropfen lassen.

★ Für die Füllung das Öl im Wok erhitzen, das Gemüse und die Zwiebeln unter Rühren glasig schwitzen, die Sojasprossen unterheben und das Ganze kurz aufkochen lassen.

★ Die Eier mit der Sahne verschlagen und mit Ingwerpulver und grob geschrotetem Pfeffer würzen. Die Eiermischung zum Gemüse geben, unter Rühren stocken lassen. Das Hähnchen mit der Mischung füllen und mit Zahnstochern zustecken.

★ Den Boden eines nicht zu großen Topfes mit einem Teil des Salzes ausstreuen und das Hähnchen darauf legen. Das restliche Salz darüber verteilen, so dass das Hähnchen vollkommen bedeckt ist.

★ Den Backofen auf 200 °C vorheizen und das Hähnchen darin im Topf 90 Minuten garen. Das Hähnchen aus dem Ofen nehmen und sofort servieren.

Sojaöl

Fondues

Schöpflöffel

Fondues sind bequem durchzuführen. Aber keine Angst, damit sind keine Einschränkungen geschmacklicher Art verbunden.

Fondue essen ist etwas für Genießer. Dafür sorgen Sie selbst natürlich schon beim Einkauf, denn: Wie immer entscheidet die Qualität der Waren über die Qualität der Mahlzeit.

Das Schöne beim Fondue ist, dass man nicht alles auf eine Karte setzen muss. Statt eines großen Bratens bieten Sie Ihren Gästen kleine Portionen aus verschiedenen Geschmacksrichtungen an. Da ist dann garantiert für jeden noch so heiklen Esser eine Delikatesse dabei.

Das Fondue mit Öl oder Brühe sowie das Käsefondue sind weithin bekannt.
Wenn dann noch der Wok ins Spiel kommt, ist der Erfolg vorprogrammiert. Der Wok als Fonduetopf ist speziell dann vorzüglich geeignet, wenn er mit einer eigenen Hitzequelle versehen auf den Tisch gestellt werden kann.

Die Geräte

Die notwendigen Geräte sind in vielen Haushalten vorhanden. Dazu gehört ein Topf aus Gusseisen, Edelstahl oder auch feuerfestem Glas. Ideal hierfür aber können Sie auch Ihren Wok einsetzen.

Dazu benötigen Sie unbedingt noch die typischen, langen Gabeln oder Garkörbchen, mit denen Sie die Fleischstückchen ins Fett tauchen können. Diese Gabeln haben wärmeisolierende Griffe und sind einzeln gekennzeichnet, damit jeder seine Gabel im Gabelgewirr wiederfinden kann.

Schüsseln und Töpfe sind in jedem Haushalt genügend vorhanden, um Fleisch und Saucen servieren zu können. Dazu brauchen Sie noch für jeden Gast Teller und Essbesteck.

Das ist schon die ganze Grundausstattung. Wenn Sie freilich auf den Geschmack gekommen sind und öfter zum Fondue einladen, lohnt sich natürlich der Kauf von passendem Geschirr. Praktisch sind etwa Teller mit mehreren Unterteilungen für die verschiedenen Saucen. Wenn Sie darüber hinaus viele Gäste zu Tisch bitten, ist ein zweiter Fonduetopf angebracht.

Der Feuer- oder Mongolentopf

Er kommt, wie der Name schon sagt, aus der Mongolei. Er wird mit Kohlen, die sich im unteren Teil des Topfes befinden, beheizt. Der Schornstein ragt wie ein Kamin aus der Mitte des Topfes. Der Feuertopf ist ein dekoratives Behältnis für chinesische Fondues.

Gutes Fett

Das Fett wird, bevor es auf den Rechaud kommt, auf dem Herd bis etwa 190 °C erhitzt.

Die richtige Temperatur lässt sich leicht mit einer Löffelprobe feststellen. Wenn Sie einen Holzlöffel ins Fett tauchen und dabei keine Bläschen aufsteigen, ist das Fett heiß genug.

Das Fett sollte keinen vordringlichen Eigengeschmack haben. Butter oder Olivenöl sind deshalb zum Fondue ungeeignet. Von den Pflanzenfetten ist Kokosöl zu empfehlen. Sobald das Öl im Topf auf dem Tisch steht, müssen Sie nur noch die Rechaudflamme so regulieren, dass die Temperatur gleich bleibt. Wenn sie zu hoch wird, kann das Öl überkochen. Das ist sehr unangenehm, lässt sich aber leicht vermeiden, wenn Sie den Topf höchstens zu zwei Dritteln füllen.

Das Öl können Sie nach dem Fondue weiter verwenden. Allerdings müssen Sie die festen Bestandteile herausfiltern. Das Öl können Sie als Bratenfett weiter verwenden.

Gutes Fleisch

Dass Sie immer nur beste Qualität verwenden, sollte eigentlich selbstverständlich sein. Sie können alle guten Stücke verwenden, ob vom Kalb, Schwein oder Lamm. Und mit einem Rinderfilet oder einem Roastbeef liegen Sie garantiert richtig. Wild und Geflügel werden seltener angeboten, sind aber ebenfalls Delikatessen beim Fondue. Wer Innereien mag, der muss hier ebenfalls nicht darauf verzichten. Nicht zuletzt können Sie auch Fisch im Öl garen. Dazu muss er enthäutet, grätenfrei und in Würfel zerlegt sein.

Gutes Gemüse

Bei Gemüse müssen Sie ein wenig vorsichtig sein. Dass man kein Wasser auf heißes Öl gießen soll, wissen Sie selbstverständlich. Aber denken Sie auch daran, dass manche Gemüsesorten sehr wasserhaltig sind? Sie müssen dem Gemüse also vorher Flüssigkeit entziehen. Das geschieht, indem Sie es blanchieren und anschließend im Backofen kurz trocknen.

Gutes in Brühe

Der einzige, allerdings große Unterschied zwischen beiden Fonduearten liegt in der Garflüssigkeit.

Statt dem Öl oder Fett wird hier eine gut gewürzte Fleischbrühe verwendet. Dabei ist es wichtig, die Temperatur konstant zu halten. Brühe verkocht schnell, wenn sie zu heiß ist. Wenn sie aber auf zu niedriger Temperatur gehalten wird, dauert es zu lange, bis die Speisen durchgegart sind.

In der Brühe können Sie natürlich auch Fleisch garen. Aber fast noch beliebter ist frisches Gemüse aus der heißen Brühe. Im Gegensatz zum Öl spielt hier der Wassergehalt vom Gemüse keine Rolle.

Viel wichtiger ist, dass Sie das Gemüse richtig schneiden. Denn die Gardauer hängt von der Dicke der Stücke ab. Außerdem sollten Sie festes Gemüse zuvor blanchieren, um die Garzeit zu reduzieren. Wenn Sie das Gemüse hauchdünn schneiden, können Sie sich das Blanchieren sparen.

Damit das dünn geschnittene Gemüse nicht von der Gabel rutscht, verwenden Sie die im Handel erhältlichen Garkörbchen.

Übrigens:

Die Brühe ist nach Beendigung des Fondues ein köstliches Getränk – nicht nur für Insider.

Bei beiden Fonduearten können Sie bei den Hauptzutaten pro Person ungefähr mit 200-250 g rechnen.

Käsefondue

Beim Käsefondue werden die Speisen nicht in Fett oder Brühe gegart.

Hier wird Käse über der Flamme zum Schmelzen gebracht. In diesen Käse taucht man Gemüse, Fleisch oder Brot.

Zum Schmelzen des Käses eignet sich ein feuerfestes Tongefäß am besten. In Frankreich, dem wahrscheinlichen Herkunftsland des Käsefondues, heißen diese Tongefäße Caquelon.

Bei den Fonduegabeln kann es nicht schaden, wenn sie mehr Zacken haben als die fürs Fleischfondue. Der geschmolzene Käse ist nämlich nie so flüssig wie Öl. Deshalb kann man die Gabeln mit den aufgespießten Speisen auch nicht so leicht hindurchziehen. Auf einer dreizackigen Gabel sitzen die Speisen nun mal fester.

Ansonsten kommen Sie mit dem gleichen Geräten aus wie beim Fleischfondue.

Feine Hackfleischbällchen

Für 4 Personen:

800 g gemischtes Hackfleisch
1 in Milch eingeweichtes Brötchen
1 Zwiebel
2 Knoblauchzehen
1/2 Bund Petersilie
2-3 Eier
1-2 EL mittelscharfer Senf
1 EL Curryketschup
1 EL geriebener Meerrettich
Salz
Pfeffer aus der Mühle
1 Prise Cayennepfeffer
1 EL Paprikapulver edelsüß
Semmelbrösel zum Binden
Öl oder Pflanzenfett
Außerdem:
1 Schale Tsatsiki
1 Schale Schnittlauchquark
1 Schale Zwiebelrelish
1 Schale Essiggemüse

★ Das Hackfleisch mit dem gut ausgedrückten, gehackten Brötchen in eine Schüssel geben.

★ Die Zwiebel und die Knoblauchzehen schälen, sehr fein hacken und mit der verlesenen, gewaschenen und fein gehackten Petersilie zum Hackfleisch geben.

★ Die Eier, den Senf, den Curryketschup und den Meerrettich dazugeben und alles zu einer kompakten, glatten Masse verarbeiten.

★ Die Masse mit Salz, Pfeffer, Cayennepfeffer und Paprikapulver kräftig würzen und je nach Bedarf mit Semmelbröseln binden.

★ Die Hackfleischmasse mit nassen Händen zu Bällchen abdrehen und diese bereitstellen.

★ Das Öl oder Pflanzenfett in einem Fonduetopf erhitzen und mit dem Hackfleisch anrichten.

★ Die Saucen, das Relish und das Essiggemüse dazugeben und das Ganze mit Pellkartoffeln servieren.

Fisch-Fondue

Für 4 Personen:
8 320 g Seehecht
250 g Garnelen
1 Bund Frühlingszwiebeln
200 g Sojasprossenkeimlinge
200 g Bambussprossen
1 l Gemüse- oder Fleischbrühe
1 Lorbeerblatt
einige Wacholderbeeren
einige Senfkörner
Salz
Pfeffer aus der Mühle
1 Bund Dill
einige Tropfen Zitronensaft
einige Tropfen Worcestersauce

★ Den Seehecht waschen, gut abtropfen lassen und in mundgerechte Stücke schneiden. Die Garnelen ebenfalls waschen und gut abtropfen lassen.

★ Die Frühlingszwiebeln putzen, waschen und in mundgerechte Stücke schneiden.

★ Die Sojasprossenkeimlinge und die Bambussprossen verlesen, waschen und gut abtropfen lassen.

★ Alle Zutaten dekorativ auf Tellern anrichten.

★ Die Gemüse- oder Fleischbrühe in einem Topf erhitzen, die Gewürze einlegen und das Ganze 4-5 Minuten köcheln lassen.

★ Die Brühe abschmecken und den verlesenen, gewaschenen und fein gehackten Dill untermischen. In einen Fonduetopf umfüllen und auf den Tisch stellen.

★ Die Fischstücke mit Zitronensaft und Worcestersauce beträufeln und dazustellen.

★ Nach Geschmack chinesische Nudeln und verschiedene Saucen dazu servieren.

Gemüsefondue im Weinteig

Für 4 Personen:

16 kleine Kartoffeln
Salzwasser
500 g Brokkoliröschen
2 rote Paprikaschoten
500 g Zucchini
Gemüsebrühe zum Blanchieren
Für den Teig:
150 g Mehl
30 g flüssige Butter oder Margarine
150 ml Weißwein
Salz
Pfeffer aus der Mühle
1 Prise Muskat
1 Prise Cayennepfeffer
2 Eiweiß
Außerdem:
1,5 kg Pflanzenfett
verschiedene Fonduesaucen und Dips

★ Die Kartoffeln waschen und in Salzwasser bissfest garen.

★ Die Brokkoliröschen, die Paprikaschoten, die Schalotten und die Zucchini putzen und würfeln.

★ Die Gemüsebrühe in einem Topf erhitzen und das Gemüse darin portionsweise bissfest garen, herausnehmen und bereitstellen.

★ Das Mehl mit der flüssigen Butter und dem Weißwein glatt rühren.

★ Mit Salz, Pfeffer, Muskat und Cayennepfeffer würzen. Das Eiweiß steif schlagen und unterheben.

★ Das Pflanzenfett erhitzen und im Fonduetopf servieren, die Fonduesaucen und Dips dazu reichen.

★ Das Gemüse portionsweise auf Spieße stecken, durch den Teig ziehen und im schwimmenden Fett ausbacken.

Gemüse-Fondue

Für 4 Personen:

2 Karotten
1 Stück Stangensellerie
1 Zucchini
1 rote Paprikaschote
100 g Brokkoliröschen
100 g Blumenkohlröschen
100 g Rosenkohlröschen
200 g Spargelstücke
100 g Sojabohnenkeimlinge
100 g Spinat
100 g Ananasstücke
100 g Mandarinenfilets
1 Banane, 1 Apfel
Saft von 1 Zitrone
Für den Sud:
1 l Gemüsebrühe
Saft von 2 Orangen
1/2 Bund Zitronenmelisse
1/2 Bund Estragon
2 Knoblauchzehen
Außerdem:
1 Schale Knoblauchquark
1 Schale Tomatensauce
1 Schale Kräutervinaigrette

★ Das Gemüse putzen, waschen, abtropfen lassen und in mundgerechte Stücke schneiden.

★ Die Ananasstücke und die Mandarinenfilets abtropfen lassen.

★ Die Banane und den Apfel schälen, den Apfel entkernen und beides in mundgerechte Stücke schneiden. Mit Zitronensaft beträufeln und mit den restlichen Zutaten anrichten.

★ Für den Sud die Gemüsebrühe mit dem Orangensaft, den verlesenen, gewaschenen und klein geschnittenen Kräutern und den gehackten Knoblauchzehen erhitzen.

★ Die Gegmüsebrühe in einen Fonduetopf geben und mit dem Knoblauchquark, der Tomatensauce, der Kräutervinaigrette und der Eiersauce auf dem Tisch anrichten.

★ Je nach Geschmack verschiedene Gemüsesorten in Garkörbchen geben und im Sud garen. Dazu reicht man französisches Weißbrot.

Fondue Chinoise

Für 4 Personen:

1,2 kg Rinderfilet
100 g Chinakohl
100 g Mangold
100 g Sojasprossenkeimlinge
100 g Bambussprossen
100 g Erbsen (TK-Produkt)
100 g Fenchel
200 g gekochte Glasnudeln
Außerdem:
1 1/2 l Gemüsebrühe
2 Karotten
2 Frühlingszwiebeln
1 Stück Stangensellerie
1 Stück Ingwerwurzel
1 Stück Zitronengras
2 Knoblauchzehen
1 Schale Ingwersauce
1 Schale schwarze Pfeffersauce
1 Schale Sesamsauce
1 Schale Teufelssauce
verschiedene chinesische Saucen und Dips
1 große Schale Reis

★ Das Rinderfilet waschen, gut abtropfen lassen und in Scheibchen oder Streifen schneiden.

★ Den Chinakohl und den Mangold verlesen, waschen, abtropfen lassen und in mundgerechte Stücke zerpflücken.

★ Die Sojasprossenkeimlinge und die Bambussprossen waschen und in Streifen schneiden, die Erbsen auftauen lassen, den Fenchel in feine Streifen schneiden.

★ Das Gemüse mit dem Fleisch und den Glasnudeln anrichten.

★ Die Gemüsebrühe in einen Topf geben und zum Kochen bringen.

★ Die Karotten, die Frühlingszwiebeln und den Stangensellerie putzen, in Streifen schneiden, in die Gemüsebrühe einlegen und kurz ziehen lassen.

★ Die Ingwerwurzel fein reiben, mit dem gehackten Zitronengras und den gehackten Knoblauchzehen in die Brühe geben und das Ganze 5 Minuten ziehen lassen.

★ Die Brühe mit der Ingwersauce, der Pfeffersauce, der Sesamsauce, der Teufelssauce, dem Fleisch und dem Gemüse sowie den verschiedenen chinesischen Saucen und Dips anrichten und servieren.

★ Das Fleisch und das Gemüse in Garkörbchen legen, in der Brühe garen und mit Reis servieren.

Dijon-Senfcreme

Für 4 Personen:

1 Eigelb, 1 EL Obstessig
2 EL Distelöl
1 Becher Doppelrahmfrischkäse
1 Schuss Sahne
1-2 TL Dijonsenf
1 Knoblauchzehe
1 TL Salz
Salz, Pfeffer aus der Mühle

★ Das Eigelb mit dem Obstessig schaumig schlagen und das Distelöl tropfenweise einrühren.

★ Den Frischkäse mit der Sahne glatt rühren, die Eigelbcreme, den Senf und die mit Salz zerriebene Knoblauchzehe unterrühren.

★ Die Dijon-Senfcreme mit Salz und Pfeffer kräftig abschmecken.

Krabbenbällchen mit grünem Pfeffer

Für 4 Personen:

400 g Schweinebauch
400 g Krabben- oder Crevettenfleisch
1 Zwiebel
2 Frühlingszwiebeln
1 Bund Schnittlauch
1-2 EL grüne Pfefferkörner
2 Eier
2-3 EL Crème fraîche
2-3 EL Sojasauce
2-3 EL Zitronensaft
1 Tasse Semmelbrösel
Salz
Pfeffer aus der Mühle
1 Prise Ingwerpulver
1 Prise Cayennepfeffer
1 1/2 l Öl
Außerdem:
1 Schale Sojasauce
1 Schale Hoisinsauce
1 Schale Austernsauce
1 Schale süßsaure Tomatensauce

★ Den Schweinebauch und die Krabben oder Crevetten waschen und trockentupfen.

★ Den Schweinebauch in Würfel schneiden und mit den Krabben oder Crevetten durch die feine Scheibe des Fleischwolfs drehen.

★ Die Zwiebel und die Frühlingszwiebeln fein hacken.

★ Mit dem verlesenen, gewaschenen und fein geschnittenen Schnittlauch, den grünen Pfefferkörnern, den Eiern, der Crème fraîche, der Sojasauce und dem Zitronensaft zum Fleisch geben und das Ganze zu einer glatten, kompakten Masse verarbeiten.

★ Mit Semmelbröseln binden und mit Salz, Pfeffer, Ingwerpulver und Cayennepfeffer kräftig würzen.

★ Die Masse zu Bällchen abdrehen, das Öl erhitzen, in einen Fonduetopf geben und mit den Krabbenbällchen anrichten.

★ Die Saucen dazugeben und Gemüsereis dazu servieren.

Bunter Mongolentopf

Für 4 Personen:

- 100 g Mangold
- 100 g Chinakohl
- 100 g Karotten
- 100 g Frühlingszwiebeln
- 100 g Sojabohnenkeimlinge
- 2 Entenbrustfilets
- 100 g Kalbsleber
- 100 g Kalbsnierchen
- 100 g Crevetten
- 200 g gekochte Reisnudeln
- 50 g eingeweichte chinesische Pilze
- 1 l Hühnerbrühe
- 1 Tasse Sojasauce
- 1 Knoblauchzehe
- 1 Stück Ingwerwurzel
- 1 Schale Sojasauce
- 1 Schale Austernsauce
- 1 Schale Hoisinsauce

★ Den Mangold, den Chinakohl, die Karotten, die Frühlingszwiebeln und die Sojabohnenkeimlinge putzen und in sehr feine Streifen schneiden.

★ Die Entenbrustfilets, die Kalbsleber und die Kalbsnierchen waschen, trockentupfen und in hauchdünne Scheibchen oder Streifen schneiden.

★ Die Crevetten unter fließendem Wasser abwaschen, trockentupfen und mit den restlichen Zutaten, den Reisnudeln und den in Streifen geschnittenen Pilzen anrichten.

★ Die Hühnerbrühe mit der Sojasauce, der geschälten und gehackten Knoblauchzehe und der geriebenen Ingwerwurzel in einen Topf geben und zum Kochen bringen.

★ Den Sud in den Mongolentopf geben, mit den restlichen Zutaten, der Sojasauce, der Austernsauce und der Hoisinsauce auf einen Tisch stellen.

★ Für die Zubereitung je nach Geschmack einige Zutaten in Garkörbchen geben und diese in der Brühe garen.

Fondue vom Feinsten

Für 4 Personen:
200 g Rinderfilet
200 g Schweinefilet
200 g Kalbsfilet
200 g Putenbrustfilet
200 g Hähnchenbrustfilet
Öl oder Pflanzenfett
Außerdem:
1 Schale Cocktailsauce
1 Schale Schnittlauchsauce
1 Schale Eiersauce
1 Schale Kaviarsauce
1 Schale Weinbrandpreiselbeeren
1 Schale Currysauce
1 Schale Essiggemüse
1 Schale gemahlene Nüsse

★ Die verschienenen Filetsorten unter fließendem Wasser abwaschen, trockentupfen und in mundgerechte Würfel oder Streifen schneiden.

★ Das Fleisch dekorativ anrichten, das Öl oder Pflanzenfett in einem Fonduetopf erhitzen.

★ Das Fleisch mit dem Fett, der Cocktailsauce, der Schnittlauchsauce, der Eiersauce, der Kaviarsauce, den Weinbrandpreiselbeeren und der Currysauce sowie dem Essiggemüse und den Nüssen auf einem Tisch anrichten.

★ Zum Fondue vom Feinsten serviert man französisches Stangenweißbrot und einen gemischten Salat mit Sahnedressing.

Wildschützen-Fondue

Für 4 Personen:
250 g Hirschfilet
250 g Wildschweinbauch
250 g Wildschweinfilet
4 Entenbrustfilets
1 Tasse Olivenöl
1 TL Kräuter der Provence
1 EL Wacholderbeeren
1 TL Pfefferkörner
Öl oder Pflanzenfett
1 Schale Weinbrandpreiselbeeren
1 Schale Cocktailsauce
1 Schale Sahnemeerrettich
1 Schale Dillcreme

★ Das Hirschfilet, den Wildschweinbauch, das Wildschweinfilet und die Entenbrustfilets unter fließendem Wasser waschen, trockentupfen und in mundgerechte Stücke schneiden.

★ Das Olivenöl mit den Kräutern der Provence, den geschroteten Wacholderbeeren und den geschroteten Pfefferkörnern vermischen und das Fleisch damit einreiben.

★ Das Fleisch dekorativ anrichten, das Öl oder Pflanzenfett in einem Fonduetopf erhitzen.

★ Das Fleisch mit den Weinbrandpreiselbeeren, der Cocktailsauce, dem Sahnemeerrettich und der Dillcreme anrichten und das Fleisch im schwimmenden Fett garen.

★ Zum Wildschützen-Fondue serviert man Buttergemüse und gemischte Salate sowie kleine Kartoffeln zum Frittieren.

Schnelles Käsefondue

Für 4 Personen:

1,5 kg Kartoffeln
Salzwasser
2 Lorbeerblätter
einige Nelken
5 Becher Gourmet-Dip „Kräuter und Knoblauch“
1 Glas Weißwein
Baguette oder Bauernbrot
4 Portionen Kopf-Tomaten-Salat mit Jogurtdressing

★ Die Kartoffeln unter fließendem Wasser waschen, in einen Topf geben, das Salzwasser angießen, die Lorbeerblätter und die Nelken einlegen und die Kartoffeln in 20-25 Minuten garen.

★ Die Kartoffeln abgießen, pellen und warm stellen.

★ Den Gourmet-Dip mit dem Weißwein in einen Topf geben und unter ständigem Rühren schmelzen lassen.

★ Das Käsefondue in einen Fonduetopf füllen und mit dem in Würfel geschnittenen Brot und den Kartoffeln auf den Tisch stellen.

★ Das Brot oder die Kartoffeln auf Fonduegabeln spießen und mehrmals durch den Käse ziehen.

★ Den Kopf-Tomaten-Salat mit Jogurtdressing dazu reichen.

Fondue mit drei Käsesorten

Für 4 Personen:

200 g Greyerzer
200 g Raclettekäse
100 g Mozzarella
1 Knoblauchzehe
1 TL Salz
100 ml Milch
150 ml Weißwein
2 EL Speisestärke
4 EL Weißwein
Pfeffer aus der Mühle
1 Prise Muskat

★ Den Greyerzer, den Raclettekäse und den Mozzarella in kleine Würfel schneiden, die Knoblauchzehe schälen und mit Salz zu einer Paste zerreiben.

★ Den Käse mit der Knoblauchpaste, der Milch und dem Weißwein langsam in einem Fonduetopf erhitzen, dabei ständig rühren.

★ Wenn der Käse geschmolzen, aber noch nicht gelöst ist, die Speisestärke mit dem restlichen Weißwein anrühren, in den Käse einrühren und das Ganze unter ständigem Weiterrühren so lange köcheln lassen, bis eine einheitliche Masse entstanden ist.

★ Die Masse kurz aufkochen lassen und mit Pfeffer und Muskat abschmecken.

★ Das Fondue auf dem Rechaud weiter köcheln lassen.

★ Dazu serviert man Salzstangen und Weißbrotstücke, als Beilagen auch Sauerkraut oder Bauernsalat.

Fruchtiges Quarkfondue

Für 4 Personen:

250 g Magerquark, 1 Tasse Milch
Saft von 1 Zitrone, 60 g Zucker
50 g zarte Haferflocken
600 g frisches Obst (Erdbeeren, Melonen, Bananen, Äpfel, Birnen, Weintrauben, Mandarinen usw.)

★ Den Quark mit der Milch und dem Zitronensaft in eine Schüssel geben und glatt rühren.

★ Den Zucker und die Haferflocken einrühren und kurz stehen lassen. Das Obst je nach Sorte vorbereiten und in mundgerechte Stücke schneiden.

★ Das Quarkfondue dekorativ anrichten und die Früchte dazugeben.

★ Die Früchte auf Fonduegabeln oder Cocktailspieße stecken und durch die Quarkmasse ziehen.

Fondue Karamell

Für 4 Personen:

250 g Sahnekaramellbonbons
150 g Vollmilchschokolade
1 Becher Sahne
50 g geriebene Haselnüsse
Außerdem:
2 Bananen
200 g Erdbeeren
1 kleine Netzmelone
4 Kiwis
2 Mangos

★ Die Sahnekaramellbonbons mit der geriebenen Vollmilchschokolade und der Sahne in eine feuerfeste Form geben und unter ständigem Rühren im Wasserbad schmelzen lassen. Die Haselnüsse einrühren und das Ganze in einen Fonduetopf geben.

★ Die Bananen schälen, die Erdbeeren putzen und beides in mundgerechte Stücke schneiden.

★ Die Netzmelone halbieren, die Kerne mit einem Teelöffel herausschaben, das Fruchtfleisch herauslösen und in mundgerechte Stücke schneiden. Die Kiwis und die Mangos dünn schälen, das Fruchtfleisch der Mangos vom Kern lösen und das Kiwi- und Mangofruchtfleisch in mundgerechte Stücke schneiden.

★ Die Früchte dekorativ anrichten und mit dem Fondue auf den Tisch stellen.

★ Die Früchte abwechselnd auf Spieße stecken und durch die Karamellcreme ziehen.

Fondue mit weißer Schokolade

Für 4 Personen:

1 Becher Sahne
200 g weiße Schokolade
4 cl weißer Rum
Saft von 1 Orange
2 Päckchen Vanillezucker
Außerdem:
1 frische Ananas, 2 Mangos
1 kleine Netzmelone
200 g Litschis aus der Dose
Orangenlikör oder Rum zum Aromatisieren
Zucker oder Vanillezucker zum Bestreuen

★ Die Sahne mit der geriebenen Schokolade und dem Rum in eine Schüssel geben und im Wasserbad so lange erhitzen, bis sich die Schokolade vollständig aufgelöst hat. Den Orangensaft und den Vanillezucker untermischen und in einen Fonduetopf geben.

★ Die Ananas schälen, den Strunk herausschneiden und das Fruchtfleisch in Würfel schneiden. Die Mangos schälen, das Fruchtfleisch vom Kern lösen und ebenfalls in Stücke schneiden.

★ Die Netzmelone halbieren, mit einem Teelöffel die Kerne herauslösen und das Fruchtfleisch würfeln.

★ Die Litschis abtropfen lassen, mit den restlichen Früchten dekorativ anrichten und mit dem weißen Schokoladenfondue auf den Topf stellen. Die Früchte abwechselnd auf Spieße stecken, mit Orangenlikör oder Rum beträufeln, mit Zucker oder Vanillezucker bestreuen und durch das weiße Schokoladenfondue ziehen.

Raclette

Die richtigen Geräte

In rustikalerer Art kann man ein Raclette-Essen am Lagerfeuer einrichten. Dazu müssen Sie aus Steinen einen Grill bauen. Wenn Sie einen Holzkohlengrill besitzen, bei dem man die Glut seitlich vertikal anordnen kann, können Sie auf ihm auch ein Raclette-Essen zubereiten. Man nähert einen halbierten Käselaib der Glut so, dass er langsam zu schmelzen beginnt. Wenn die Oberfläche weich genug ist, wird sie einfach mit einer Spachtel oder einem Messer abgeschabt. Neben diesen etwas urtümlichen Methoden gibt es aber auch die Zubereitung auf modernen Raclettegrills. Hier wird der Käse in dünne Scheiben geschnitten, die etwa 1-2 cm dick sein sollten. Diese Scheiben werden in kleinen Pfannen geschmolzen, von denen jeder Gast eine für sich hat.

Der richtige Käse

Hier kommen die selben Sorten in Frage wie beim Käsefondue. Extra erwähnen sollte man den originalen Raclette-Käse aus dem Wallis oder den aus der Auvergne in Frankreich stammenden Riches Monts. Von den deutschen Sorten sind der Allgäuer Emmentaler und der Tilsiter hervorzuheben. Puristen schwören natürlich auf den echten Raclettekäse. Nur dieser entfaltet angeblich nach dem Schmelzen das einzigartige Aroma. Alles andere ist den Puristen bloß geschmolzener Käse.

Vielleicht haben sie recht. Aber jedenfalls entgehen ihnen Genüsse, die man leicht haben kann, wenn man nicht so streng mit sich selbst ist. Beim Raclettegrill verwenden Sie ja statt eines großen Käselaibs immer nur dünne Scheiben. Deshalb können Sie kleinere Mengen von verschiedenen Käsesorten ausprobieren. Dabei werden Sie immer wieder auf neue Geschmackskombinationen stoßen. Auch wenn es alles nur Käse ist – für köstliche Überraschungen ist gesorgt!

Die Beilagen

Wer die einfachen, urtümlichen Genüsse bevorzugt, der wird den Käse vielleicht nur mit Pellkartoffeln essen. Aber auch der Gourmet und Liebhaber raffinierter Speisen kommt am Raclettegrill nicht zu kurz. Er kann jegliche Leckerbissen aus Fleisch oder Gemüse mit dem Käse verschmelzen.

Die klassische Beilage sind wie gesagt Pellkartoffeln. Dazu werden gerne Salami, Schinken oder Bündner Fleisch gegessen, aber auch so etwas Deftiges wie Knoblauchwurst kommt gut an. Fleisch können Sie ganz nach Belieben, Geldbeutel und Anlass verwenden. Vom gut abgehangenen Rindfleisch übers magere Kalbfleisch, vom deftigen Schweinenacken bis zum würzigen Hasenfilet, vom zarten Lammfilet bis zu köstlichen Innereien gilt die Devise: Erlaubt ist, was schmeckt.

Gemüse spielt beim Raclette keine Nebenrolle. Bevor Sie es aber mit dem Käse verschmelzen, sollten Sie es kurz blanchieren. Schneiden Sie das Gemüse stets klein und in dünne Scheiben auf, damit das Garen in den Raclettepfannen nicht zu lange dauert. Nicht dass der Käse schon braun wird, bevordas Gemüse nach Wunsch geraten ist.

Auch eingelegtes Gemüse Mixed Pickles, Gurken und dergleichen sollten immer auf dem Tisch Platz finden.

Für Käsefondue wie für Raclette gilt gleichermaßen: Käse macht durstig.

Weißwein ist der ideale Begleiter für Käsegerichte. Den Einen schmeckt ein Edelzwicker am Besten, die Anderen ziehen einen Fendant vor, die Dritten schwören auf Frankenwein. Welcher Wein auch immer Ihr Favorit ist, zum Raclette sollte es ein trockener sein.

Die echten und wahren Raclette-Experten erkennt man allerdings daran, dass sie schwarzen Tee zum Käse bevorzugen.

Schnelles Raclette

Für 4 Personen:

1 kg Pellkartoffeln
100 g Parmaschinken
100 g Roastbeef in Scheiben
100 g gekochter Schinken
100 g italienische Salami
150 g Muschelsalat
150 g Crevettensalat
600 g Raclettekäse
Außerdem:
verschiedene Saucen und Dips
Essiggemüse
gemischter Salat
Stangenweißbrot und Brezeln

★ Die Pellkartoffeln in eine Schüssel geben und mit einem Rechaud auf den Tisch stellen.

★ Den Parmaschinken, das Roastbeef, den Schinken und die Salami anrichten und dazugeben.

★ Den Muschelsalat und den Crevettensalat ebenfalls anrichten und mit dem in Würfel geschnittenen Raclettekäse dazustellen.

★ Die Saucen und Dips, das Essiggemüse, den gemischten Salat, das Stangenweißbrot und die Brezeln auf den Tisch geben.

★ Je nach Geschmack Zutaten auf dem Teller anrichten und mit dem zerlassenen Käse überziehen.

Feine Schweinefilets mit Gemüse

Für 4 Personen:

8-12 Schweinemedaillons à 75 g
Salz
Pfeffer aus der Mühle
1/2 Tasse Olivenöl
1 Knoblauchzehe
1 TL Salz
1 EL Majoran
Außerdem:
400 g Schwarzwurzelgemüse
400 g Fenchelgemüse
250 g Krabben oder Crevetten
Saft von 1 Zitrone
einige Tropfen Worcestersauce
600 g Raclettekäse

★ Die Schweinemedaillons waschen, trockentupfen, mit Salz und Pfeffer würzen und bereitstellen.

★ Das Olivenöl mit der mit Salz zerriebenen Knoblauchzehe und dem Majoran vermischen und die Medaillons damit einstreichen.

★ Das Schwarzwurzelgemüse und das Fenchelgemüse erhitzen.

★ Die Krabben waschen, trockentupfen, mit Zitronensaft und Worcestersauce beträufeln, mit Salz und Pfeffer würzen.

★ Die Schweinemedaillons und die Krabben mit dem gewürfelten Raclettekäse servieren.

★ Das Fenchelgemüse und das Schwarzwurzelgemüse in feuerfesten Töpfen auf ein Rechaud stellen und dazugeben.

★ Die Medaillons und die Krabben auf dem Tischgrill garen. Den Raclettekäse in den Pfännchen schmelzen lassen.

★ Die Schweinemedaillons mit dem Schwarzwurzelgemüse und dem Fenchelgemüse anrichten. Die Krabben darüber geben und mit dem Raclettekäse überziehen.

Husumer Raclette

Für 4 Personen:

8-12 Fischfilets à 75 g
(Lachs, Dorsch oder Zander)
Saft von 2 Zitronen
Einige Tropfen Worcestersauce
Einige Tropfen Weißwein
Salz
Pfeffer aus der Mühle
400 g Krabben oder Crevetten
1 Bund Dill
Butter oder Margarine zum Braten
600 g Raclettekäse
4 Portionen frischer Stangenspargel
4 Portionen Butterkartoffeln

★ Die Fischfilets waschen, trockentupfen, mit Zitronensaft, Worcestersauce und Weißwein beträufeln, mit Salz und Pfeffer würzen und 10 Minuten ziehen lassen.

★ Die Krabben waschen, mit Zitronensaft, Worcestersauce und Weißwein beträufeln, mit Salz und Pfeffer würzen. Den Dill hacken und mit den Krabben vermischen.

★ Die Zutaten anrichten, Butter in einem Schälchen dazugeben. Den Raclettekäse fein würfeln und ebenfalls dazugeben.

★ Den fertigen Spargel und die Butterkartoffeln dazustellen.

★ Den Tischgrill mit etwas Butter oder Margarine bestreichen und die Fischfilets darauf garen.

★ Die Krabben in Pfännchen auf dem Tischgrill garen. Den Raclettekäse in die Pfännchen geben und zerlassen.

★ Den Stangenspargel, die Butterkartoffeln, die Fischfilets und die Krabben anrichten und mit dem zerlassenen Käse überziehen.

Italienisches Raclette

Für 4 Personen:

100 g Mailänder Salami
100 g Mortadella
100 g Parmaschinken
100 g eingelegte Oliven
100 g eingelegte Artischockenherzen
100 g Auberginensalat
100 g Zucchinisalat
200 g Meeresfrüchte
Außerdem:
1 kg Raclettekäse
4 Portionen Pellkartoffeln
4 Fleischtomaten
2 Paprikaschoten

★ Die Salami, die Mortadella, den Parmaschinken, die Oliven, die Artischockenherzen, den Auberginensalat, den Zucchinisalat und die Meeresfrüchte dekorativ anrichten und auf den Tisch stellen. Den Raclettekäse in Würfel schneiden, die Pellkartoffeln in einer Schüssel auf ein Rechaud stellen.

★ Die gewaschenen Fleischtomaten und die geputzten Paprikaschoten in mundgerechte Stücke schneiden und mit den restlichen Zutaten dekorativ anrichten.

★ Je nach Geschmack die Zutaten in Raclettepfännchen geben, die Käsewürfel darauf verteilen und überbacken.

Garnelenraclette

FÜR 4 PERSONEN:

600 g Garnelen
Saft von 1 Zitrone
1-2 EL Olivenöl
1 Zwiebel
2 Knoblauchzehen
1 TL Salz
1/2 Bund Petersilie
1/2 Bund Dill
1/2 Bund Estragon
1 TL geriebene Zitronenschale
Salz
Pfeffer aus der Mühle
einige Tropfen Weinbrand
Außerdem:
1 kg Raclettekäse
4 Portionen Pellkartoffeln
4 Portionen Essiggemüse
4 Portionen gemischter Salat

★ Die Garnelen waschen, trockentupfen und mit Zitronensaft beträufeln.

★ Das Öl in einer Pfanne erhitzen und die geschälte und fein gehackte Zwiebel darin glasig schwitzen.

★ Die geschälten und mit Salz zerriebenen Knoblauchzehen mit den Garnelen zu den Zwiebeln geben und kurz mitschwitzen.

★ Die gehackten Kräuter mit der Zitronenschale unter die Garnelen mischen, mit Salz und Pfeffer würzen und mit Weinbrand beträufeln.

★ Die Garnelen in Raclettepfännchen geben, mit den Käsescheiben bedecken und überbacken.

★ Dazu reicht man die geschälten, erwärmten Pellkartoffeln, das Essiggemüse und den gemischten Salat.

Forellenraclette

FÜR 4 PERSONEN:

8 geräucherte Forellenfilets
1-2 EL Butter oder Margarine
50 g durchwachsener, geräucherter Speck
1 Zwiebel
1 grüne Paprikaschote
1 rote Paprikaschote
100 g frische Champignons
Saft von 1/2 Zitrone
1 Schuss Weißwein
1/2 Bund Schnittlauch
1/2 Bund Petersilie
Salz
Pfeffer aus der Mühle
1 Prise Cayennepfeffer
1 Prise Muskat
1 kg Raclettekäse
4 Portionen Bratkartoffeln

★ Die Forellenfilets enthäuten und portionsweise in Raclettepfännchen anrichten.

★ Die Butter oder Margarine in einer Pfanne erhitzen und den fein gewürfelten Speck darin auslassen.

★ Die fein gehackte Zwiebel und die in Würfel geschnittenen Paprikaschoten dazugeben und glasig schwitzen.

★ Die in Scheiben geschnittenen Champignons mit Zitronensaft beträufeln, zum Gemüse geben und kurz mitschwitzen.

★ Mit Weißwein ablöschen und einmal aufkochen lassen. Die fein gehackten Kräuter untermischen.

★ Mit Salz, Pfeffer, Cayennepfeffer und Muskat würzen und in der Pfanne auf einem Warmhalterechaud mit den Bratkartoffeln auf den Tisch stellen.

★ Etwas Gemüse zu den vorbereiteten Forellenfilets geben, mit dem in Scheiben geschnittenen Käse belegen und überbacken.

★ Dazu reicht man das restliche Gemüse mit den Bratkartoffeln.

Zwiebelsäckchen

Für 4 Personen:
16 rote oder blaue Zwiebeln
Salzwasser oder Gemüsebrühe
16 entsprechend große Stücke Alufolie
Butter oder Margarine zum Bestreichen
1 Scheibe Bauernbrot
100 g Sellerie
Saft von 1/2 Zitrone
3-4 EL Olivenöl
1 Banane
1 TL Thymian
1/2 Bund Petersilie
Salz
Pfeffer aus der Mühle
1 TL Zitronenpfeffer
Außerdem:
4 Portionen Butterkartoffeln
1 kg Raclettekäse
französisches Stangenweißbrot

★ Die Zwiebeln schälen und in Salzwasser oder Gemüsebrühe blanchieren, herausnehmen, gut abtropfen lassen und mit einem Teelöffel aushöhlen.

★ Das Zwiebelfruchtfleisch fein hacken und bereitstellen.

★ 16 entsprechend große Stücke Alufolie auslegen und mit der Butter oder Margarine bestreichen.

★ Die Zwiebelmasse in eine Schüssel geben und das fein gewürfelte Bauernbrot dazugeben.

★ Den Sellerie Putzen, waschen, in sehr feine Würfel schneiden, mit Zitronensaft beträufeln und ebenfalls unter die Masse heben.

★ Das Öl in einer Pfanne erhitzen und die Masse darin kurz dünsten.

★ Vom Feuer nehmen und erkalten lassen.

★ Die Banane schälen, mit einer Gabel zerdrücken, mit dem Thymian und der verlesenen, gewaschenen und fein gehackten Petersilie unter die Zwiebelmasse rühren.

★ Die Masse mit Salz, Pfeffer und Zitronenpfeffer kräftig würzen und die Zwiebeln damit füllen.

★ Die Alufolie um die Zwiebeln wickeln und zudrehen.

★ Die Zwiebelsäckchen auf dem Tischgrill 20-25 Minuten garen. Vom Feuer nehmen, mit den Butterkartoffeln, dem gewürfelten Raclettekäse und dem Stangenweißbrot auf den Tisch stellen.

★ Den Raclettekäse in den Pfännchen schmelzen lassen. Zwiebeln und Kartoffeln auf dem Teller anrichten und mit dem Käse überziehen.

Saure Nierchen

Für 4 Personen:

500 g Kalbsnierchen
2-3 EL Butterschmalz
4 cl Weinbrand
Salz
Pfeffer aus der Mühle
Außerdem:
1 Zwiebel
1 Bund Frühlingszwiebeln
200 g Austernpilze
1 EL grüne Pfefferkörner
1 Schuss Weißwein
1/4 l gebundene Bratensauce
1/2 Becher Crème fraîche
1 Bund Estragon
2-3 EL Weinessig
1 Prise Zucker

★ Die Kalbsnierchen putzen, in Scheiben schneiden und in Salzwasser 30 Minuten ziehen lassen.

★ Anschließend die Kalbsnierchen herausnehmen und gut trockentupfen.

★ Das Butterschmalz in einer Grillpfanne erhitzen und die Kalbsnierchen darin scharf anbraten.

★ Mit Weinbrand flambieren, mit Salz und Pfeffer würzen, herausnehmen und warm stellen.

★ Die Zwiebel schälen, fein hacken, ins verbliebene Bratfett geben und glasig schwitzen.

★ Die Frühlingszwiebeln putzen, waschen, gut abtropfen lassen, in Streifen oder Scheibchen schneiden, zu den Zwiebeln geben und glasig schwitzen.

★ Die verlesenen, gewaschenen und klein geschnittenen Austernpilze dazugeben und mitschwitzen.

★ Die Pfefferkörner unterrühren, mit Weißwein ablöschen, mit der Bratensauce und der Crème fraîche auffüllen und das Ganze zu einer sämigen Sauce verkochen.

★ Den verlesenen, gewaschenen und fein gehackten Estragon unter die Sauce ziehen. Das Ganze mit Salz, Pfeffer, Weinessig und Zucker süßsauer abschmecken.

★ Die Nierchen in die Sauce geben, nochmals erhitzen, aber nicht mehr kochen lassen. Die sauren Nierchen anrichten, ausgarnieren und servieren.

Paprikaleber

Für 4 Personen:

500 g Rinderleber
2-3 EL Mehl
2-3 EL Butterschmalz
Salz
Pfeffer aus der Mühle
Außerdem:
1 Zwiebel
1 rote Paprikaschote
1 grüne Paprikaschote
100 g frische Champignons
Saft von 1 Zitrone
1 große Dose geschälte Tomaten
1 EL Paprikapulver
1 TL Oregano
1 TL Basilikum
1 Bund Schnittlauch

★ Die Leber waschen, abtropfen lassen, enthäuten und in Streifen schneiden. Die Leberstreifen mit Mehl bestäuben, das Schmalz erhitzen und die Leber scharf anbraten.

★ Die Leber mit Salz und Pfeffer würzen, herausnehmen und warm stellen. Die Zwiebel schälen, fein hacken, ins verbliebene Bratfett geben und glasig schwitzen.

★ Die Paprikaschoten halbieren, entkernen, waschen, gut abtropfen lassen, in Streifen schneiden, zur Zwiebel geben und glasig schwitzen.

★ Die Champignons in Scheiben schneiden, mit Zitronensaft beträufeln, zum Gemüse geben und kurz mitschwitzen.

★ Die geschälten Tomaten mit einer Gabel zerdrücken und das Gemüse damit auffüllen.

★ Einmal aufkochen lassen, mit Paprikapulver, Oregano, Basilikum, Salz und Pfeffer kräftig würzen.

★ Die Leber und den fein geschnittenen Schnittlauch unter die Sauce heben, erhitzen, aber nicht mehr kochen lassen. Abschmecken, anrichten, ausgarnieren und servieren.

TEFAL

Gefüllte Champignons

Für 4 Personen:

12 große Champignonköpfe
Saft von 1 Zitrone
einige Tropfen Weißwein
einige Tropfen Worcestersauce
Salz
Pfeffer aus der Mühle
100 g Frühstücksspeck
1 kleine Zwiebel
2 Knoblauchzehen
1 TL Salz
100 g frischer Spinat
1 Becher Frischkäse mit französischen Kräutern
Alufolie
Olivenöl zum Bestreichen
500 g Raclettekäse

★ Die Champignonköpfe putzen, die Stiele herausdrehen und das Ganze mit Zitronensaft, Weißwein und Worcestersauce beträufeln.

★ Mit Salz und Pfeffer würzen. Den Speck fein würfeln und in einer Pfanne auslassen.

★ Die fein gehackte Zwiebel mit den mit Salz zerriebenen Knoblauchzehen und den gehackten Champignonstielen zum Speck geben und kurz mitschwitzen.

★ Den Spinat putzen, grob hacken, zum Speck geben und mitschwitzen. Vom Feuer nehmen, den Frischkäse mit französischen Kräutern untermischen, mit Zitronensaft, Weißwein, Worcestersauce, Salz und Pfeffer abschmecken.

★ Die Champignonköpfe füllen. 12 entsprechend große Stücke Alufolie mit Olivenöl bestreichen und die Köpfe darauf setzen.

★ Die Alufolie nach oben falten und auf dem Grill garen.

★ Die gefüllten Champignons entweder in die Pfännchen geben und mit 1 Scheibe Käse bedecken und überbacken oder mit geschmolzenem Käse übergießen.

Chicorée-Rollen

Für 4 Personen:

4 Stauden Chicorée
Salz
Pfeffer aus der Mühle
einige Tropfen Weinbrand
einige Tropfen Zitronensaft
16 Scheiben Frühstücksspeck (Bacon)
Alufolie
2-3 EL Butter oder Margarine
1/2 Bund Estragon
1/2 Bund Zitronenmelisse

★ Die Chicoréestauden putzen, halbieren und den Strunk herausschneiden.

★ Die Chicoréehälften mit Salz, Pfeffer, Weinbrand und Zitronensaft kräftig würzen. Die Chicoréehälften mit je 2 Scheiben Frühstücksspeck umwickeln. 8 entsprechend große Stücke Alufolie mit Butter oder Margarine bestreichen und je eine Chicoréerolle darin einwickeln. Die Chicoréerollen auf dem Grill garen, vom Feuer nehmen, die Folie aufreißen und mit den verlesenen, gewaschenen und fein gehackten Kräutern bestreuen.

★ Mit Salz, Pfeffer, Weinbrand und Zitronensaft würzen, anrichten, ausgarnieren und servieren.

Saucen

Entscheidend für jede gemütliche Runde – ob Fondue, Tischgrill oder Raclettegerät – sind natürlich die Saucen und Dips.

Hier können Sie Ihrer Fantasie freien Lauf lassen. Sie können aber auch aus den köstlichen Rezepten dieses Buches wählen.

Zu viele Saucen können Sie eigentlich gar nicht anbieten. Manche werden so verlockend sein, dass sie zum Einstippen mit rohem Gemüse oder Brot hergenommen werden.

Saucen, Majonäsen und Dips werden meist auf der Basis von Essig und Öl aufgebaut. Dazu mischen Sie dann als Zutaten Sahne, Crème fraîche oder saure Sahne, Senf nach Wunsch, Kräuter, Gewürze und was immer Ihnen Appetit macht.

Natürlich können Sie auch auf Fertigprodukte zurückgreifen, die es heute in unübersehbarer Anzahl gibt. Denken Sie nur daran, dass viele Fertigprodukte sehr viel Zucker und Salz enthalten.

Verwenden Sie diese Produkte, wenn es Ihnen und vor allem den Kindern schmeckt, darum aber nur in Maßen.

Was beim Grill, Raclette und Fondue nicht fehlen darf, ist Butter. Damit bestreicht man nicht nur sein Brot. Ein Klecks würziger Butter auf dem Fleisch oder Gemüse kann Wunder wirken. Manchen reicht die reine Butter schon aus.

Andere setzen ihre ganze Fantasie ein, um neue Buttermischungen zu erfinden. Vor allem Kräuter kommen hier als Zutaten infrage. Aber auch Senf und Pilze und und ...

Zu den Saucen und Buttermischungen sei nur noch angemerkt, dass diese Dinge naturgemäß sehr kalorienreich sind. Niemand sollte auf diese Köstlichkeiten verzichten, aber zu viel schadet nun mal der schlanken Linie.

Neben den reinen Gewürzen spielen beim Kochen mit dem Wok auch verschiedene Würzsaucen eine Rolle. Sie sind zur Abrundung des Geschmacks bei Salaten, Suppen und Saucen sowie Fleisch, Fisch und Geflügelgerichten notwendig.

Diese Saucen kann man sich selber nach eigenem Geschmack zubereiten, wenn man nicht auf die unzähligen Fertigprodukte zurückgreifen will.

Dazu gehören Chutneys, Relishes oder auch Ketschups. Bekannte Saucen sind Sambal oelek (eine sehr scharfe Paste aus Salz, verschiedenen Gewürzen und gemahlenen Chilis) oder Sambal Nasi Goreng.

Nicht zu vergessen Tabascosauce, Worcestersauce, Sojasauce oder Hoisinsauce.

Schwarze Pfeffersauce

Für 4 Personen:

- 2 EL schwarze Pfefferkörner
- 4 cl Weinbrand
- 2 EL Honig
- 1/2 Tasse Sojasauce
- 1/2 Flasche schwarze Pfeffersauce
- Salz
- Pfeffer aus der Mühle
- 1 Bund Dill

★ Die Pfefferkörner im Mörser zerreiben, mit dem Weinbrand, dem Honig und der Sojasauce zur schwarzen Pfeffersauce geben und alles gut miteinander verrühren.

★ Mit Salz und Pfeffer würzen, den verlesenen und fein gehackten Dill untermischen, anrichten, ausgarnieren und servieren.

Chilisauce

Für 4 Personen:

- 1-2 EL Olivenöl
- 1 Zwiebel
- 1/2 grüne Paprikaschote
- 1 kleine Peperoni
- 1/2 Bund Petersilie
- einige Tropfen Zitronensaft
- einige Tropfen Weißwein
- 1/2 Flasche Chilisauce

★ Das Öl erhitzen und die gehackte Zwiebel darin glasig schwitzen.

★ Die Paprikaschote putzen, in Würfel schneiden und mit der gehackten Peperoni zur Zwiebel geben.

★ Die gehackte Petersilie untermischen, mit Zitronensaft und Weißwein ablöschen, einmal aufkochen lassen, vom Herd nehmen und erkalten lassen.

★ Die Chilisauce mit dem Gemüse in einer Schüssel verrühren, nochmals abschmecken, anrichten und servieren.

Currysauce

Für 4 Personen:

- 100 g Kefir
- 1 Becher Sahnedickmilch
- 1 TL Currypulver
- 1 Msp. Kurkuma
- Saft von 1/2 Zitrone
- Salz
- weißer Pfeffer aus der Mühle

★ Den Kefir mit der Sahnedickmilch in eine Schüssel geben und glatt rühren.

★ Mit Curry, Kurkuma, Zitronensaft, Salz und Pfeffer abschmecken, anrichten, ausgarnieren und servieren.

OURMET
ACLETTE-GRILL
TEFAL

Zwiebel-Knoblauch-Sauce

Für 4 Personen:

1 Becher Sahnedickmilch
1 große Zwiebel
2 Knoblauchzehen
1 TL Salz
2 Frühlingszwiebeln
Saft von 1 Zitrone
Salz
roter Pfeffer aus der Mühle
1 TL Tsatsikigewürz
1 Prise Zucker

★ Die Sahnedickmilch in eine Schüssel geben und glatt rühren.

★ Die Zwiebel schälen und sehr fein hacken oder reiben.

★ Die Knoblauchzehen schälen und mit Salz zu einer Paste zerreiben.

★ Die Frühlingszwiebeln putzen und in feine Scheiben schneiden.

★ Die Zwiebeln, die Knoblauchpaste und die Frühlingszwiebeln mit dem Zitronensaft unter die Dickmilch rühren.

★ Die Zwiebel-Knoblauch-Sauce mit Salz, Pfeffer, Tsatsikigewürz und Zucker kräftig abschmecken.

Sardellensauce

Für 4 Personen:

125 g Magerquark
1 Becher Sahne
50 g Sardellenpaste
1 kleine Zwiebel
1/2 Bund Schnittlauch
1/2 Bund Petersilie
Salz
Pfeffer aus der Mühle
1 Prise Cayennepfeffer
1 Prise Zucker

★ Den Quark mit der Sahne und der Sardellenpaste in eine Schüssel geben und glatt rühren.

★ Die Zwiebel reiben, mit den gehackten Kräutern unter die Sauce ziehen.

★ Die Sauce mit Salz, Pfeffer, Cayennepfeffer und Zucker abschmecken.

Champignonsauce

Für 4 Personen:

1-2 EL Butter oder Margarine
1 Zwiebel
100 g frische Champignons
Saft von 1 Zitrone
1/4 l Gemüse- oder Fleischbrühe
2 EL Sojasauce
1/2 Becher Sahne
1-2 EL Speisestärke
Salz
Pfeffer aus der Mühle
einige Tropfen Worcestersauce
2 cl Tokajer oder Sherry medium

★ Die Butter oder Margarine in einer Pfanne erhitzen und die fein gehackte Zwiebel darin glasig schwitzen.

★ Die Champignons waschen, abtropfen lassen, in Scheiben schneiden, mit Zitronensaft beträufeln, zu den Zwiebeln geben und kurz mitschwitzen.

★ Die Gemüse- oder Fleischbrühe angießen, die Sojasauce untermischen und die Sahne dazugeben.

★ Bei starker Hitze die Sauce kurz einreduzieren lassen und mit etwas angerührter Speisestärke binden.

★ Die Champignonsauce mit Salz, Pfeffer und Worcestersauce würzen und mit Tokajer oder Sherry medium aromatisieren.

Kantonesische Sauce süßsauer

Für 4 Personen:

- 2 Frühlingszwiebeln
- 2 Knoblauchzehen
- 1 Stückchen frische Ingwerwurzel
- 2 EL Erdnussöl
- 2 EL helle Sojasauce
- 1 EL Hoisinsauce
- 2 EL trockener Sherry oder Reiswein
- 2 EL Essig
- 3 EL Tomatenketschup
- 3 EL brauner Zucker
- 8 EL Ananassaft
- 1 EL Speisestärke
- 2 EL Wasser

★ Die Frühlingszwiebeln putzen, waschen und in feine Ringe schneiden.

★ Den Knoblauch und den Ingwer schälen, den Knoblauch durch die Presse drücken und den Ingwer fein reiben.

★ Das Öl im Wok erhitzen, die Frühlingszwiebeln, den Knoblauch und den Ingwer darin pfannenrühren.

★ Die Sojasauce, die Hoisinsauce, den Sherry oder Reiswein, den Essig, den Tomatenketschup, den Zucker und den Ananassaft verrühren, ebenfalls in den Wok geben und aufkochen.

★ Die Speisestärke mit dem Wasser glatt rühren und dazugeben.

★ Alles unter Rühren zum Kochen bringen und 1 Minute pfannenrühren, bis die Sauce eindickt. Diese Sauce passt zu allen Arten von Fleisch, Geflügel und Fisch.

Süßsaure Ingwersauce

Für 4 Personen:

- 2 Schalotten
- 2 Knoblauchzehen
- 1 frische Ingwerwurzel
- 2 EL Erdnussöl
- 2 EL helle Sojasauce
- 2 EL trockener Sherry oder Reiswein
- 1 EL Essig
- 2 EL brauner Zucker
- 1/8 l Wasser
- 1 EL Speisestärke, 2 EL Wasser

★ Die Schalotten, den Knoblauch und den Ingwer schälen. Die Schalotten fein würfeln, den Knoblauch durch die Presse drücken und den Ingwer fein hacken.

★ Das Öl im Wok erhitzen, die Schalotten, den Knoblauch und den Ingwer darin 2 Minuten pfannenrühren.

★ Die Sojasauce, den Sherry oder Reiswein, den Essig, den Zucker und das Wasser verrühren, ebenfalls in den Wok geben und aufkochen.

★ Die Speisestärke mit dem Wasser glatt rühren und dazugeben.

★ Alles unter Rühren zum Kochen bringen, 1 Minute pfannenrühren, bis die Sauce eindickt. Passt zu Fisch, Geflügel und Fleisch.

Süßsaure Sauce

Für 4 Personen:

- 2 Schalotten, 2 Knoblauchzehen
- 1 Stückchen frische Ingwerwurzel
- 2 EL Erdnussöl, 2 EL helle Sojasauce
- 2 EL trockener Sherry oder Reiswein
- 1 EL Essig, 3 EL Tomatenketschup
- 2 EL brauner Zucker
- 1/8 l Orangensaft, 1 EL Speisestärke
- 2 EL Wasser

★ Die Schalotten, den Knoblauch und den Ingwer schälen, die Schalotten fein würfeln, den Knoblauch durch die Presse drücken und den Ingwer fein reiben.

★ Das Öl im Wok erhitzen und die Schalotten, den Knoblauch und den Ingwer 2 Minuten pfannenrühren.

★ Die Sojasauce, den Sherry oder Reiswein, den Essig, den Tomatenketschup, den Zucker und den Orangensaft verrühren, ebenfalls in den Wok geben und aufkochen.

★ Die Speisestärke mit dem Wasser glatt rühren und dazugeben. Alles unter Rühren zum Kochen bringen und 1 Minute pfannenrühren, bis die Sauce eindickt.

Sauce Hollandaise

Für 4 Personen:

- 250 g Butter
- 6 Eigelb
- 1 Tasse Weißwein
- Saft von 1 Zitrone
- 1-2 EL Worcestersauce
- Salz
- weißer Pfeffer aus der Mühle
- 1 Prise Cayennepfeffer
- 1 Prise Zucker

★ Die Butter in einen Topf geben und erhitzen, vom Feuer nehmen und bis zur Handwärme erkalten lassen.

★ Das Eigelb mit dem Weißwein, dem Zitronensaft und der Worcestersauce in einen feuerfesten Topf oder eine Schüssel geben, mit Salz, Pfeffer, Cayennepfeffer und Zucker abschmecken.

★ Die Eigelbmasse im Wasserbad oder auf dem Herd zu einem Schaum aufschlagen und anschließend vom Feuer nehmen.

★ Mit dem Schneebesen tropfenweise die Butter in die Eigelbcreme rühren.

★ Die Sauce Hollandaise nochmals kräftig abschmecken.

Sauce Pistou

Für 4 Personen:

- 2 Becher leichter Frischkäse mit französischen Kräutern
- 1 Schuss Sahne
- 1 Bund Basilikum
- 3-4 EL Pinienkerne
- Salz
- Pfeffer aus der Mühle
- 1 Prise Cayennepfeffer

★ Den Frischkäse in einer Schüssel mit der Sahne glatt rühren.

★ Das Basilikum hacken und mit den gehackten Pinienkernen unter die Creme ziehen.

★ Mit Salz, Pfeffer und Cayennepfeffer abschmecken.

Sauce Béarnaise

Für 4 Personen:

1 Rezept Sauce Hollandaise
1 1/2 Tassen warme, gebundene Bratensauce
1/2 Bund Kerbel
1/2 Bund Estragon
Salz
Pfeffer aus der Mühle
einige Tropfen Zitronensaft
einige Tropfen Worcestersauce

★ Die Sauce Hollandaise nach Rezeptanweisung zubereiten und die warme Bratensauce unterziehen.

★ Die Kräuter verlesen, waschen, fein hacken und ebenfalls unter die Sauce ziehen.

★ Die Sauce mit Salz, Pfeffer, Zitronensaft und Worcestersauce nochmals kräftig abschmecken.

Tofudip grün-weiß

Für 4 Personen:

250 g Tofu, 5 EL Sahne
1 Bund gemischte Kräuter
1 kleine Zwiebel
Salz, weißer Pfeffer aus der Mühle
1 Prise Ingwerpulver
1 TL helle Sojasauce
1 TL Zitronensaft

★ Den Tofu in eine Schüssel geben und mit der Sahne zu einer Creme verrühren.

★ Die Kräuter waschen und fein schneiden, die Zwiebel schälen und fein würfeln.

★ Mit Salz, Pfeffer, Ingwer, Sojasauce und Zitronensaft abschmecken.

Limettendip

Für 4 Personen:

1 Becher Crème fraîche
2 EL Sahne, 2 EL Limettensaft
2 EL Honig, 1 TL Limettenschale

★ Die Crème fraîche in eine Schüssel geben, die Sahne, den Limettensaft und den Honig einrühren.

★ Den fertigen Dip mit geriebener Limettenschale bestreuen.

Pflaumendip süß-scharf

Für 4 Personen:

100 g Pflaumenmus
100 g Mangochutney
1 Stückchen frische Ingwerwurzel
1 TL Sojasauce, 1 EL Ingwersaft
1 TL Hoisinsauce, 1 TL Essig
1/4 TL Chilipulver

★ Das Pflaumenmus mit dem Mangochutney verrühren.

★ Den Ingwer schälen, fein reiben, mit der Sojasauce, dem Ingwersaft, der Hoisinsauce, dem Essig und dem Chilipulver unter die Pflaumen-Chutney-Mischung rühren.

★ Passt sehr gut zu Geflügel und Fleisch.

Ingwerdip

Für 4 Personen:

1 Stückchen frische Ingwerwurzel
1/8 l helle Sojasauce

★ Den Ingwer schälen und fein reiben.

★ Die Sojasauce in eine Schüssel geben und den Ingwer unterrühren. Eine Sauce, die zu frittierten oder ausgebackenen Meeresfrüchten passt.

Feuriger Paprikadip

Für 4 Personen:

1 Becher Jogurt
1 Tasse Majonäse
1/2 rote Paprikaschote
1/2 grüne Paprikaschote
1 klein Zwiebel
1/2 Bund Schnittlauch
1-2 EL mittelscharfer Senf
1 TL Paprikapulver
Salz
Pfeffer aus der Mühle
einige Tropfen Zitronensaft
einige Tropfen Worcestersauce

★ Den Jogurt mit der Majonäse in einer Schüssel glatt rühren.

★ Die Paprikaschoten in sehr feine Würfel schneiden, die Zwiebel schälen und fein hacken.

★ Den Schnittlauch klein schneiden, mit dem Gemüse und dem Senf sowie dem Paprikapulver unter die Sauce rühren.

★ Nochmals abschmecken.

Minzedip

Für 4 Personen:

1 Knoblauchzehe
1 EL Zitronenmelisse
1 EL Pfefferminze
250 g Ziegenkäse
125 g Speisequark
2 EL Crème fraîche
1 EL Olivenöl
4 EL Limettensaft
Salz
Pfeffer aus der Mühle

★ Den Knoblauch schälen und zerdrücken.

★ Die Zitronenmelisse und die Pfefferminze waschen, trocknen, von den Stielen befreien und die Blätter grob hacken.

★ Den Ziegenkäse zerdrücken und mit dem Quark, der Crème fraîche, dem Knoblauch, dem Öl, dem Limettensaft und den Kräutern gut vermengen und zu einem cremigen Dip verarbeiten. Mit Salz und Pfeffer würzen.

Sardellendip

Für 4 Personen:

1 Becher Sahnedickmilch
1 Tasse Majonäse
50 g Sardellenpaste
1/2 Bund Dill
Salz
Pfeffer aus der Mühle
1 Prise Cayennepfeffer
1 Prise Zucker
einige Tropfen Worcestersauce
einige Tropfen Zitronensaft

★ Die Dickmilch, die Majonäse und die Sardellenpaste in einer Schüssel verrühren, den fein gehackten Dill untermischen.

★ Den Dip mit Salz, Pfeffer, Cayennepfeffer, Zucker, Worcestersauce und Zitronensaft abschmecken.

Orangenbutter

Für 4 Personen:

250 g Butter
2 EL mittelscharfer Senf
2 EL bittere Orangenmarmelade
4 cl Orangenlikör
1 EL geriebene Orangenschale
Salz
Pfeffer aus der Mühle
1 Prise Cayennepfeffer

★ Die Butter in eine Schüssel geben und schaumig schlagen.

★ Den Senf, die Orangenmarmelade, den Orangenlikör und die Orangenschale darunter schlagen.

★ Die Butter mit Salz, Pfeffer und Cayennepfeffer abschmecken.

Zitronenbutter

Für 4 Personen:

250 g Butter
2 EL Zitronengelee
Saft von 1 Zitrone
1 Bund Zitronenmelisse
1 EL geriebene Zitronenschale
Salz
Pfeffer aus der Mühle
1 Prise Cayennepfeffer

★ Die Butter in eine Schüssel geben und schaumig schlagen.

★ Das Zitronengelee, den Zitronensaft, die gehackte Zitronenmelisse und die Zitronenschale darunter schlagen.

★ Mit Salz, Pfeffer und Cayennepfeffer abschmecken.

Parmesanbutter

Für 4 Personen:

250 g Butter
Saft von 1 Zitrone
einige Tropfen Weißwein
50 g geriebener Parmesankäse
1/2 Bund Basilikum
1/2 Bund Oregano
Salz
Pfeffer aus der Mühle
1 Prise Cayennepfeffer
1 Prise Zucker

★ Die Butter schaumig schlagen.

★ Den Zitronensaft und den Weißwein darunter schlagen.

★ Den Parmesankäse, die verlesenen, gewaschenen und fein gehackten Kräuter untermischen.

★ Die Butter mit Salz, Pfeffer, Cayennepfeffer und Zucker abschmecken.

Frischkäsesauce mit Parmaschinken

Für 4 Personen:
2 EL Olivenöl
2 Schalotten
1/2 rote Paprikaschote
1/2 gelbe Paprikaschote
100 g Parmaschinken
1 Becher süße Sahne
2 EL frisch gehackter Thymian
Salz, Pfeffer aus der Mühle
1 Prise Cayennepfeffer
1 Prise Zucker
2 Becher Knoblauch-Frischkäse

★ Das Öl in einer Pfanne erhitzen und die fein gehackten Schalotten darin glasig schwitzen.

★ Die Paprikaschoten putzen, waschen, würfeln, zu den Schalotten geben und kurz mitschwitzen.

★ Den Parmaschinken ebenfalls würfeln und zum Gemüse geben.

★ Die Sahne angießen und bei starker Hitze kurz einreduzieren lassen, vom Feuer nehmen, mit Thymian, Salz, Pfeffer, Cayennepfeffer und Zucker abschmecken.

★ Die erkaltete Sauce in den Frischkäse einrühren und das Ganze nochmals abschmecken.

Frischkäse mit Gemüse

Für 4 Personen:
1-2 EL Olivenöl
1 Zwiebel, 1 Karotte
1 Stück Sellerie, 1-2 EL Tomatenmark
Saft von 1 Zitrone
1 1/2 Tassen Fleischbrühe
2 Becher Frischkäse mit französischen Kräutern
Salz, Pfeffer aus der Mühle
1 Prise Cayennepfeffer
1 Prise Zucker
2 cl Weinbrand
1/2 Bund Schnittlauch

★ Das Olivenöl in einer Pfanne erhitzen und die geschälte, fein gehackte Zwiebel darin glasig schwitzen.

★ Die Karotte und den Sellerie putzen, in feine Würfel schneiden, zu der Zwiebel geben und kurz mitschwitzen.

★ Das Tomatenmark unterrühren, mit Zitronensaft ablöschen und mit der Fleischbrühe auffüllen.

★ Bei mäßiger Hitze 5-8 Minuten köcheln lassen und anschließend vom Feuer nehmen.

★ Das erkaltete Gemüse unter den Frischkäse ziehen, mit Salz, Pfeffer, Cayennepfeffer und Zucker abschmecken.

★ Den Frischkäse mit Weinbrand aromatisieren und den fein geschnittenen Schnittlauch untermischen.

Frischkäse mit Tomaten

Für 4 Personen:
200 g Doppelrahmfrischkäse
1 Schuss Milch, 2 EL Tomatenmark
1-2 EL Tomatenketschup
1 hart gekochtes Ei
Salz, Pfeffer aus der Mühle
1 Prise Cayennepfeffer
1 Prise Zucker
1/2 Bund Basilikum

★ Den Frischkäse mit der Milch, dem Tomatenmark und dem Tomatenketschup in eine Schüssel geben und glatt rühren.

★ Das Ei pellen, fein hacken und unter die Creme ziehen.

★ Mit Salz, Pfeffer, Cayennepfeffer und Zucker kräftig abschmecken und das verlesene, gewaschene und fein gehackte Basilikum untermischen.

Register

Die Schreibweise entspricht den Regeln der neuen deutschen Rechtschreibung.

ISBN 3-89755-392-9